FACULTÉ DE DROIT DE PARIS

DROIT ROMAIN

DES FIDÉICOMMIS

DROIT FRANÇAIS

DES SUBSTITUTIONS

THÈSE POUR LE DOCTORAT

PRÉSENTÉE ET SOUTENUE

PAR

Gabriel DELINON

AF473285

PARI

IMPRIMERIE DE

IMPRIMEUR DE LA FACULTÉ DE MÉDECINE,

rue Monsieur-le-Prince, 31.

1874

DROIT ROMAIN

DES FIDÉICOMMIS

DROIT FRANÇAIS.

DES SUBSTITUTIONS

Paris. A. PARENT, Imp. de la Faculté de méd., rue M.-le-Prince, 31.

FACULTÉ DE DROIT DE PARIS.

DROIT ROMAIN.

DES FIDÉICOMMIS

DROIT FRANÇAIS.

DES SUBSTITUTIONS

BIBLIOTHÈQUE NATIONALE
RF
IMPRIMÉS

THÈSE POUR LE DOCTORAT

PRÉSENTÉE ET SOUTENUE

Le mercredi 24 Juin 1874, à une heure et demie.

4506

PAR

Gabriel DELINON

Président : M. BEUDANT, Professeur.

Suffragants : MM. VALETTE, MACHELARD, LÉVEILLÉ, Professeurs. CASSIN, Agrégé.

Le candidat répondra aux questions qui lui seront faites sur les autres matières de l'enseignement.

PARIS
IMPRIMERIE DE A. PARENT
IMPRIMEUR DE LA FACULTÉ DE MÉDECINE,
rue Monsieur-le-Prince, 31.

1874

DROIT ROMAIN

DES FIDÉICOMMIS

Origine des fidéicommis.

Plus une législation tend à restreindre la capacité de recevoir chez certaines personnes, plus l'esprit humain concentre ses facultés pour trouver un moyen propre à relever ces mêmes personnes des incapacités qui les frappent. Telle était la législation romaine, et tel fut l'esprit qui dirigea les testateurs quand ils voulaient gratifier un incapable.

A Rome, les incapacités de recevoir par testament étaient fort nombreuses. Les *peregrini*, les personnes incertaines, les municipes, les temples, les femmes, dans le cas prévu par la loi Voconia, les affranchis Latins Juniens, les *cœlibes*, les *orbi*, formaient la phalange des incapables.

Pour échapper à ces prohibitions de gratifier directement une de ces personnes, on imagina et on eut recours à un moyen détourné, aux fidéicommis.

Le testateur, qui voulait transmettre ses biens à

celui qui ne pouvait être institué, ou qui ne pouvait recevoir par legs, s'en rapportait à la bonne foi d'un héritier ou d'un légataire capable de recevoir par legs, et priait ce dernier de vouloir bien rendre à un tel les biens qu'il avait reçus. C'était une prière qu'il lui adressait ; de là le nom de fidéicommis (*fidei tuæ committo*) parce que ces dispositions « nullo vinculo juris, « sed tantum pudore eorum qui rogabantur contine- « bantur. »

Les fidéicommis se répandirent extrêmement vite, et, dès le temps de Cicéron, on les employait très-fréquemment. Mais, comme aucune sanction juridique, aucune loi civile, ne garantissait l'exécution fidèle des dernières volontés du disposant, et qu'il arrivait souvent que les dépositaires malhonnêtes manquaient au vœu du défunt, les testateurs prirent la précaution de faire prêter un serment solennel à ceux qu'ils avaient grevés de la charge de rendre. Ces serments, toutefois, ne furent pas toujours une garantie suffisante, et Cicéron (*de fin.*, 2-17) nous apprend que la cupidité faisait que les fiduciaires se prévalaient quelquefois de la rigueur du droit civil et se dispensaient d'accomplir ce que la conscience publique considérait comme un devoir.

A plusieurs reprises, l'empereur Auguste, soit par faveur pour certaines personnes, soit parce que certains héritiers avaient été priés au nom du salut de l'empereur lui-même, soit enfin en raison de l'insigne perfidie de quelques-uns, avait ordonné aux consuls d'intervenir. Comme cette intervention paraissait juste et que la chose était populaire, « quia justum « videbatur et populare erat » ; elle se convertit peu à peu en une juridiction permanente et extraordinaire confiée à un préteur particulier appelé *prætor fideicommissarius*.

Telle est l'origine des fidéicommis, telle qu'elle nous est rapportée par Justinien dans les Instituts au § 1, *de fideic. heredit.*

Les fidéicommis eurent encore un autre but que celui d'éluder les prohibitions du droit civil, et, sous Auguste, nous en trouvons une seconde source une fois que les codicilles eurent acquis force obligatoire. Tout le monde connaît les principes rigoureux et formalistes du droit romain dont l'observation entraînait la nullité de la disposition. Le testament en est un exemple, et le testateur qui ne pouvait, pour une cause quelconque, se conformer aux formalités prescrites pour tester (la présence de sept témoins citoyens romains, était nécessaire pour la validité du testament), ne pouvait faire parvenir son hérédité aux personnes qu'il voulait gratifier. Lucius Lentulus, près de mourir en Afrique, fut le premier qui introduisit les codicilles. Dans ses codicilles, il priait l'empereur d'exécuter les fidéicommis qui y étaient écrits, et ce dernier ayant accompli ses volontés, d'autres testateurs disposèrent de leurs biens de la même manière, c'est-à-dire en priant, par un écrit n'ayant aucune force obligatoire, leurs héritiers légitimes ou ceux qu'ils avaient déjà institués dans un testament antérieur, d'exécuter leurs volontés. On raconte qu'Auguste convoqua alors les Prudents et leur demanda si l'usage des codicilles n'était pas contraire aux principes ; sur l'avis de Trebatius, qui lui montra de quelle utilité étaient ces manières de disposer, il se rendit aux raisons données par ce grand jurisconsulte et rendit obligatoires les dispositions contenues dans les codicilles.

Telle fut la seconde source des fidéicommis.

Nous nous trouvons alors en présence de deux espèces de fidéicommis ; les uns, tendant à éluder les prohibitions légales ; les autres, à simplifier les dispositions testamentaires.

Les premiers disparurent peu à peu, et on arriva à établir, sous le rapport de la capacité passive (celle de recevoir), l'égalité entre les fidéicommis d'une part, et les institutions d'héritiers et les legs d'autre part. Ceci nous amène à faire une observation importante. « En général, dit M. Demangeat (t. I, Cours de droit rom., des fidéicom.), dans les différentes matières de droit que nous étudions, nous pouvons remarquer que les entraves mises dans le principe à la réalisation de la volonté des parties vont toujours en s'affaiblissant, que de jour en jour une liberté plus grande, est laissée aux citoyens. Or, dans le développement historique de la théorie des fidéicommis, c'est précisément l'inverse que nous observons : la liberté, très-grande à son origine, a été de plus en plus restreinte. Ainsi, dans le principe, les pérégrins pouvaient recevoir à titre de fidéicommis, et même, ajoute Gaïus, « fere hæc fuit origo fideicommissorum » ; cela leur fut ensuite défendu. De même, à l'origine, les *cœlibes* avaient le *jus capiendi ex fideicommisso* ; par le sénatus-consulte Pégasien les fidéicommis furent assimilés sous ce rapport aux institutions et aux legs. » (V. Gaïus, Com. 2, §§ 285 et 286.)

Les fidéicommis n'eurent plus alors d'autre but que celui de rendre plus facile et plus simple le moyen de tester; dès lors, quand le formalisme, qui était de l'essence du testament, commença à disparaître, les legs et les institutions d'héritiers furent assimilés aux fidéicommis : « Per omnia exæquata sunt legata « fideicommissis. » (L. 1, Dig. *de leg.* 1°) ; c'est dire qu'on ne fait plus attention à la forme et qu'on doit seulement rechercher avec soin quelle volonté le disposant a voulu manifester.

Nous venons de voir que les fidéicommis étaient la prière adressée à l'héritier légitime ou au légataire de rendre à un tiers les biens dont il était gratifié. A l'origine, la restitution devait se faire immédiatement, et le grevé était considéré comme un dépositaire, comme un simple ministre. Peu à peu il devint lui-même un véritable gratifié en premier ordre, et ne dut rendre qu'après un certain temps et quelquefois même seulement à l'époque de la mort. Bien plus, on prit l'habitude de régler le mode de transmission de ses biens dans les générations futures, et on arriva ainsi à perpétuer les biens dans les familles. C'est là la source des substitutions fidéicommissaires du droit français, substitutions qui s'adaptèrent si bien au régime féodal en favorisant l'inégalité entre les enfants.

Maintenant que nous connaissons l'origine et le but des fidéicommis, nous pouvons en donner la définition : le fidéicommis est une disposition de dernière volonté par laquelle, en gratifiant quelqu'un, on le charge de rendre les biens qu'il a reçus à un tiers que l'on gratifie en second ordre.

Entrons dans l'étude des fidéicommis.

CHAPITRE PREMIER.

NOTIONS GÉNÉRALES

§ 1. *Personnes qui peuvent faire un fidéicommis. Personnes qui peuvent être grevées.*

La règle générale est que quiconque peut faire un fidéicommis qui peut faire un testament : « Fideicom- « missum relinquere possunt, qui testamentum facere « possunt, licet non fecerint. » (Ulpien, *de fideic.*, § 4.) — Cependant une dérogation à ce principe avait été admise en faveur du citoyen romain retenu prisonnier chez l'ennemi (Inst., *princ. de codicil.*).

Quant aux personnes qui peuvent être grevées, leur capacité doit être celle de recevoir par testament ou par donation. Mais il faut avant tout qu'elles soient gratifiées, soit expressément, soit tacitement. *Expressément* : lorsqu'on est institué héritier, donataire ou légataire ; *tacitement* : lorsque le testateur n'a pas enlevé ce qu'il pouvait donner à un étranger, c'est le cas de l'héritier *ab intestat* : « Sciendum est autem, « eorum fideicommitti quem posse, ad quos aliquid « perventurum est morte ejus ; vel dum eis datur, « vel dum eis non adimitur. » (L. 1, § 6. Dig., *de leg.* 3°.) De là, il suit qu'on peut grever des gratifiés en second ordre qui recueilleront après le premier donataire (L. 1, § 7. Dig., *de leg.* 3°), et, de même qu'on peut grever l'héritier du légataire ou de l'héritier (L. 5, § 1, Dig., *de leg.* 3°).

Du principe que nous venons de poser, qu'il faut être gratifié pour pouvoir être grevé d'un fidéicommis, il résulte qu'on ne peut grever celui qu'on ne gratifie pas, *nemo oneratus*, *nisi honoratus* (L. 9, Cod., *de fideic.*); conséquences :

1° Un débiteur ne peut grever de fidéicommis son créancier à qui il ne laisse que ce qui lui est dû. « Si « rem quis debeat ex stipulatu, ei cui rem legaverit, « fideicommittere ejus non poterit. » (L. 3, § 2, Dig., *de leg.* 3°.)

2° Un patron qui a été institué héritier *ex debita parte* et qui est grevé de fidéicommis, n'est pas tenu de ce fidéicommis quand bien même il en aurait promis l'exécution au fidéicommissaire, « ne pars ex legibus « verecundiæ patronali debita minuatur» (L. 20, Dig., *de donat.*).

3° Le fils qui a droit à la légitime ne peut être grevé d'aucune charge sur cette légitime (L. 32, Cod., *de inoff. test.*), s'il n'a été gratifié, mais rien n'empêche le père de lui faire une donation ou un legs, sous la condition que les biens légués et la légitime devront être rendus à un tiers. Si le fils accepte, il sera tenu du fidéicommis.

Lorsque l'enfant est frappé d'une juste cause d'exhérédation, il n'est pas douteux que le père ait le droit de le priver de sa réserve ; à plus forte raison peut-il, en lui laissant cette réserve, le grever de la charge de rendre.

4° Le fiduciaire ne peut pas être chargé de rendre plus qu'il n'a reçu, quand même il aurait accepté la disposition faite en sa faveur. (L. 70, Dig., *de leg.* 2°. — Inst. § 1, *de sing. reb. per fideic. rel.*) Ce principe s'applique sans difficulté quand le grevé qui a reçu *cent* est obligé de rendre *cent cinquante*. Mais *quid*, si, en me léguant une certaine somme ou un immeuble et acceptant le legs, je m'engage à rendre une chose m'appartenant et dont la valeur est supérieure à ce que j'ai reçu? Je ne serai pas admis à prétendre que le fidéicommis doive être réduit; car, en acceptant la libéralité avec charge de rendre, j'ai reconnu que ma chose ne dépassait pas en valeur celle dont j'ai été gratifié (L. 70, § 1, *eod. tit.*).

§ 2. *Personnes qu'on peut appeler au fidéicommis.*

Toute personne capable de recevoir à titre de libéralité peut être appelée à un fidéicommis : « fideicom- « missa dari possunt his quibus legari potest » (Ulp., *reg. de fideic.*, § 6); la capacité est donc celle exigée pour être légataire. Toutefois cette règle n'est exacte que dans le dernier état du droit, car l'origine des fidéicommis nous montre qu'ils ont été introduits pour gratifier des personnes incapables de recevoir par testament.

Avant Justinien, il n'était pas permis de laisser des fidéicommis à des personnes incertaines : « incertis vero « personis neque legata, neque fideicommissa olim « relinqui concessum erat » (Inst., § 25, *de leg.*) (1); mais le droit a changé sous cet empereur, et il est permis d'instituer des personnes incertaines, pourvu qu'elles puissent devenir certaines par la suite (L. 1, Cod., *de incert. person.*); la seule exception à ce principe est relative au tuteur qui ne peut être qu'une per-

(1) Malgré l'assertion de Justinien, nous trouvons au Digeste la loi 5, *de reb. dub.*, qui décide formellement le contraire. Cette loi est du jurisconsulte Gaius.

sonne certaine (Inst., § 27, *de leg.*). On peut même appeler au fidéicommis des personnes qui ne sont ni nées ni conçues (L. 69, § 3, Dig., *de leg.* 2e); car, comme nous le verrons plus loin, la capacite du fidéicommissaire dans le fidéicommis conditionnel ne doit être envisagée qu'à l'époque de l'arrivée de la condition; c'est une exception notable qui subsiste toujours, même sous Justinien, entre les legs et les fidéicommis; pour les legs, il fallait en effet que la *testamenti factio* existât à trois époques, à l'époque de la confection du testament, à celle de la mort du testateur ou à celle de l'arrivée de la condition si le fidéicommis était conditionnel, enfin elle devait exister au moment où le légataire acceptait.

§ 3. *Choses qu'on peut donner par fidéicommis.*

On peut laisser par fidéicommis tout ce dont on peut disposer par testament : « res per fideicommissum relinqui possunt, quæ etiam per damnationem « legari possunt. » (Ulp., *reg.*, tit. 25, § 5.) Justinien, par une constitution rapportée au Code, mit sur la même ligne les différentes espèces de legs (*per vindicationem*, etc...), de sorte que, dans le dernier état du droit, les actions qui appartiennent au fidéicommissaire sont les mêmes que celles dont peut se servir le légataire.

Les meubles, les immeubles, les créances, les servitudes, un droit d'usufruit, peuvent faire l'objet d'un fidéicommis. Pour le droit d'usufruit, il semble y avoir difficulté si nous supposons un fidéicommis dont la mort du grevé soit la condition. Comment comprendre que ce droit d'usufruit puisse être fidéicommissé, puisque l'usufruit s'est éteint par la mort de l'usufruitier (Inst., *de usufructu*, § 3)? On avait prévu cette difficulté, et le préteur devait, en interposant son autorité, faire que l'usufruit fût remis, *jure legati*, au fidéicommissaire : « Si quis usumfructum legatum « sibi, alii restituere rogatus sit; ..... licet jure civili « morte et capitis deminutione ex persona legatarii « pereat usufructus, quod huic ipso jure adquisitus « est; tamen prætor jurisdictione sua id agere debet, « ut idem servetur, quod futurum esset, si ei, cui ex « fideicommisso restitutus esset, legati jure adquisi- « tus fuisset. » (L. 29, Dig., *de usu et usuf., etc....*) Remarquons que ce n'est pas le même usufruit qui passe au fidéicommissaire; c'est un nouvel usufruit qui est créé par le testateur à son profit; il en résulte que le premier usufruitier n'est pas le véritable grevé et, qu'à proprement parler, il n'y a pas de fidéicommis.

Une chose précédemment donnée peut faire l'objet d'un fidéicommis. Cela est certain lorsque la chose avait été donnée par donation à cause du mort, car cette espèce de donation n'empruntant sa force que de la mort du donateur, ce dernier peut, jusqu'à cette époque, révoquer la libéralité (L. 77, § 1., Dig., *de leg.* 2°) et à plus forte raison peut-il opposer telles clauses et conditions qu'il lui plaîra.

Si la donation a été faite par acte entre-vifs, comme cette donation est irrévocable et que le donateur, ayant perdu tout droit sur la chose donnée, ne peut imposer une charge ou une condition à un bien qui ne lui appartient pas, nous ne donnerons plus la même solution, et nous déciderons qu'il est impossible au donateur, la donation étant parfaite, de grever de fidéicommis le bien donné (L. 4, Cod., *de donat. quæ sub modo*). Nous trouvons cependant au Digeste une loi qui semble en contradiction avec ce que nous venons d'avancer; cette loi suppose qu'un père, après avoir donné entre-vifs ses biens à son fils, charge ce fils, par une *epistola fideicommissaria*, de donner une somme d'argent à tel et tel et d'affranchir l'esclave Lucrion appartenant au donateur. Le jurisconsulte Scævola (L. 37, § 3, Dig., *de leg.* 3°) se demande si le fils est tenu du fidéicommis. Il répond affirmativement quand même « filius patris nec bonorum pos- « sessionem acceperit, nec ei heres extiterit. » Cette décision tient à la circonstance particulière que le père avait stipulé, au moment de la donation, que son fils rendrait les biens à telle personne que lui, père, indiquerait, « Si vivam, mihi, aut cui ego volam, red- « dantur, restituantur. »

Ce n'est pas à dire que les choses données par acte entre-vifs ne peuvent jamais être comprises dans un fidéicommis fait par le testateur. Ce dernier peut parfaitement, en étendant ses libéralités en faveur du donataire, par exemple : en l'instituant héritier ou en le faisant légataire, grever cet héritier d'un fidéicommis, tant à l'égard des biens qu'il lui laisse par testament, qu'à l'égard de ceux qu'il lui avait donnés entre-vifs, et le donataire ne peut, en acceptant la seconde libéralité, se soustraire aux charges qui lui sont imposées. S'il refuse cette libéralité, il ne sera tenu d'aucune restitution envers le fidéicommissaire, et cette conséquence est la preuve que le donataire est le seul propriétaire des biens qui lui ont été donnés, et que le donateur n'a conservé aucun droit sur ces biens. Il en résulte aussi que si le donataire a été institué héritier et, en cette qualité, grevé d'un fidéicommis universel, les biens acquis par donation entre-vifs ne seront pas censés compris dans le fidéicommis à moins d'une volonté expresse du testateur (L. 68. Dig., *de leg.* 2°. — L. 62, *ad. S. C. Trebel.*).

De même que la chose d'autrui peut être l'objet d'un legs, de même elle peut être l'objet d'un fidéicommis (Inst., *de sing. reb. per fideic. rel.*, § 1) ; ainsi il est permis, en gratifiant une personne, de la charger de rendre à une autre une chose lui appartenant (L. 25, Cod., *de fideic.*) ou une chose appartenant à un tiers. Dans ce dernier cas, le grevé est obligé de se procurer la chose de ce tiers, si ce dernier veut bien s'en défaire ; dans le cas contraire, il en paiera l'estimation au fidéicommissaire (Inst., § 1, *eod. tit.*). Si nous supposons maintenant un fidéicommis de liberté fait en faveur de l'esclave d'autrui, demandons nous ce qu'il arrive si le maître ne veut pas céder son esclave. Gaïus (Com. 2, § 265) nous dit que l'esclave reste esclave : « Sane extinguitur libertas, quia pro libertate pretii « computatio nulla intervenit » ; le fidéicommis est donc éteint. Justinien, dans les Instituts, prend une solution diamétralement opposée, il veut que le fidéicommis ne soit pas éteint immédiatement : « non sta- « tim extinguitur fideicommissaria libertas, sed dif- « fertur ; quia possit tempore procedente, ubicumque « occasio servi redimendi fuerit, præstari libertas. »

Lorsqu'une somme d'argent, *pecunia numerata*, fait l'objet d'un fidéicommis, il faut faire une distinction suivant que le testateur a employé tels ou tels termes. Si le disposant a désigné les écus d'une façon spéciale, par exemple ceux qui *in arcâ sunt*, le fidéicommissaire a l'action réelle, l'action en revendication contre le grevé ; si, au contraire, le testateur a chargé son héritier institué de rendre une somme de.... à un tel et sans désigner les écus, ces derniers sont considérés comme des choses fongibles, et le fidéicommissaire n'aura qu'une action personnelle contre l'héritier.

Nous venons de voir que le grevé pouvait être chargé de rendre la chose qu'il avait reçue par donation entre-vifs, qu'il pouvait aussi être chargé de rendre sa propre chose, celle d'un tiers ou autre chose que celle qu'il avait reçue, il en résulte que le fiduciaire peut lui-même frapper de fidéicommis les biens qu'il était chargé de rendre, mais à la condition de gratifier le fidéicommissaire (L. 77, § 31, Dig., *de leg.* 2°. Inst., *de fideic. hered.*, § 11) : « eum quoque cui aliquid « restituitur, potest rogare ut id rursum alii, aut totum « aut pro parte, vel etiam aliquid aliud restituat. »

§ 4. *Dans quels actes et en quels termes peut-on faire des fidéicommis?*

A l'origine, les fidéicommis ne pouvaient se faire que par des actes de dernière volonté, tels que le testament, la donation à cause de mort et le codicille : « Sciendum est eos demum fideicommissum posse « relinquere qui testandi jus habent. » (L. 2, Dig., *de leg.* 1°). « Si donatione contineatur ut altero de- « functo, ad alterum portio eorum quæ donabantur « pertineret, existente conditione, si mortis causâ « donatio perficiebatur, fideicommissi actio competit. » (L. 1, Cod., *de donat. causâ mort.*)

Pouvaient-ils se faire par donation entre-vifs ? Non, et la raison en était bien simple, car le tiers, au profit de qui la charge de rendre existait, n'avait aucune action contre le donataire pour le forcer à exécuter la donation. Le donateur, qui avait fait la libéralité sous la condition de rendre, avait bien, ainsi que ses héritiers, la *condictio* pour faire révoquer la donation, mais cette action n'était commune qu'entre ceux qui avaient stipulé, c'est-à-dire entre le donateur et le donataire, et ne pouvait être étendue à un tiers qui n'avait pas été partie au contrat. (L. 3, Cod., *de donat. quæ sub. modo.*) Il semble bien résulter de cette loi, par ces mots : « Si is in quem liberalitatis compendium « conferebatur, stipulatus non sit » que, si le tiers avait été présent à la donation, et avait stipulé, il aurait eu l'action *ex stipulatu* pour se faire restituer les biens. Ainsi le tiers ne pouvait avoir d'action que s'il avait été partie dans le contrat ; telle fut la règle de droit jusqu'en 290. A partir de cette époque, une action utile fut donnée au fidéicommissaire qui put, dès lors, exercer la même action que celle qui appartenait au donateur : « Sed cum postea benigna juris inter- « pretatione divi principes ei, qui stipulatus non sit, « utilem actionem juxta donatoris voluntatem compe- « tere admiserint : actio quæ sorori tuæ, si in rebus « humanis ageret, competebat, tibi accommodabitur. » (L. 3, Cod., *eod. tit.*) (1).

(1) Justinien, dans sa Constitution (L. 10, Cod., *de revoc. donat.*), énonce cinq cas dans lesquels le donateur peut se plaindre de l'ingratitude du donataire, et parmi ces cinq cas se trouve celui d'inexécution des charges. En principe, il décide que la révocation pour cause d'ingratitude ne peut être exercée que par le donateur lui-même ; ses héritiers n'ont pas ce droit à moins que le donateur n'ait manifesté l'intention de rentrer dans les biens donnés. De même l'action ne peut être intentée que contre le donataire et non contre les ayants cause (L. 7., Cod. *de revoc. donat.*). Toutefois il semble bien résulter de la loi 3 au Cod. *de donat. quæ sub modo*, qu'au cas d'inexécution des charges l'action en révocation passe aux héritiers du donateur : « Placiti fide non impleta, ei qui

Remarquons une différence qui existe toujours sous Justinien entre le fidéicommis laissé par acte de dernière volonté et celui laissé par donation entre-vifs. Dans le premier cas, le fidéicommissaire a l'action en revendication, l'action *in rem*, tandis qu'au second il ne peut exercer que l'action personnelle, l'*actio condictitia*. On ne pourrait pas se servir, pour l'établissement de l'opinion contraire, de la loi 1, Cod., *de donat. quæ sub modo* qui donne au donateur, dans un cas spécial, l'action en revendication contre le donataire. Cette loi suppose qu'une donation a été faite *ut certa donatori alimenta præberet*, et décide qu'au cas d'inexécution de la condition, le donateur a une action en revendication. Cette loi est une exception au droit commun en vertu duquel, lorsqu'une donation est faite sous condition, le donateur n'a qu'une action personnelle pour faire exécuter les charges qui y sont imposées. Comme cette action personnelle a été étendue dans la suite au fidéicommissaire, *benignâ juris interpretatione*, il en résulte cette conséquence que le fidéicommissaire ne peut avoir d'autre action que celle donnée au donateur. Nous pouvons ajouter que la loi ci-dessus vise un cas spécial, et cela est tellement vrai, que les mots *in hoc casu*, répétés trois fois, montrent bien qu'elle a entendu créer un privilége extraordinaire en faveur des aliments.

Les termes qui emportent fidéicommis sont différents suivant l'époque à laquelle on se place.

A l'origine, la forme précative était seule employée, et toute disposition en forme de prière était réputée un fidéicommis. C'était là une différence entre les

« liberalitatis auctor fuit, vel heredibus ejus, condictitiæ actionis « persecutio competit.

fidéicommis et les legs qui, au contraire, exigeaient des termes impératifs, « do, lego, capito, heres meus dato, « heres meus damnas esto sinere, heres meus præci- « pito.»

Dès 339, les legs et les fidéicommis furent, quant à leurs formules, placés sur la même ligne : « in legatis « vel fideicommissis necessaria non sit verborum ob- « servantia. » (L. 21, Cod., *de leg.*) Justinien confirma ce changement par sa constitution (L. 2, Cod., *Com. de leg. et fideic.*) et, par cela seul qu'un testateur a manifesté l'intention formelle de faire un fidéicommis, on n'a plus égard aux termes dont il s'est servi. Bien plus, si les termes que le disposant a employés ne sont pas suffisamment expliqués, on supplée à sa volonté et on va jusqu'à déclarer que l'omission des termes du fidéicommis n'empêche pas ce dernier de produire effet, pourvu que le reste de la disposition soit d'accord avec ce qui aurait dû être écrit (L. 67, § 9, *de leg.* 2°).

Les fidéicommis peuvent être écrits dans telle langue qu'il plaira au testateur de choisir, en latin, en grec, en carthaginois, en gaulois, etc... (L. 11, *princ.* Dig., *de leg.* 3°) ; on admit même qu'un signe de tête suffisait pour emporter fidéicommis (L. 21, Dig., *eod. tit.*). Justinien alla plus loin encore en décidant que le serment pouvait être déféré au légataire ou au fidéicommissaire, sur le point de savoir quelles intentions avait manifestées le *de cujus* (L. 32, Cod., *de fideic.*)

Malgré cette grande liberté d'expressions laissée aux personnes qui voulaient faire un fidéicommis, les plus employées, comme nous l'apprennent les Instituts (§ 3, *de sing. reb. per fideic., rel.*), sont les suivantes : *peto, rogo, volo, mando, fidei tuæ committo.*

Nous pouvons nous demander ce qu'il faudrait décider si un testateur avait employé l'expression *substituo*, faudrait-il y voir un fidéicommis ou une substitution vulgaire? Remarquons tout d'abord que si cette expression se trouvait dans un codicille qui ne peut contenir, même confirmé par testament, ni institution d'héritier ni substitution vulgaire, elle n'aurait aucune force et devrait être considérée en principe comme non écrite ; cependant, *benignâ interpretatione*, on lui donne la force de créer un fidéicommis : « licet « substitutio inutilis sit ; quia codicillis hereditas « neque dari, neque adimi potest; tamen benignâ « interpretatione placet, ut mater, quæ ab intestato « pupillo successit, substitutis fideicommisso obli- « getur.» (L. 76, Dig., *ad S. C. Trebel.*) La conséquence qu'on peut tirer de cette loi, c'est que si la substitution vulgaire avait pu être valable, c'est à ce dernier sens que le mot *substitutio* aurait dû être rapporté. En principe donc, l'expression *substituo*, *substitutio* doit être considérée comme comprenant l'idée de la substitution vulgaire. Il y a cependant quelques exceptions, et il est certain que les Romains l'ont employée quelquefois pour exprimer l'idée d'un fidéicommis : « Cum « proponas, filios testamento scriptos heredes rogatos esse, ut, qui primus rebus humanis eximeretur, « alteri portionem hereditatis restitueret ; quoniam « precariam substitutionem fratrum remissam adseris, « fideicommissi persecutio cessat » (L. 16, Cod., *de pact.*) Voy. aussi : L. 87, § 2, Dig., *de leg.* 2°. — L. 3, § 2, Cod., *Com. de leg. et fideic.*

Sous l'ancienne Jurisprudence, il n'en est plus de même, et le mot *substitutio* désigne tout aussi bien la substitution vulgaire que que la fidéicommissaire : « Le mot substitution ayant été, dit Ricard (ch. 6, n. 264), rendu commun du moins par l'usage, pour les deux espèces de substitution directe et fidéicommissaire, il s'ensuit que lorsque le testateur a expliqué sa volonté par ce terme, la substitution qui en résulte est propre pour comprendre la directe et la fidéicommissaire, qui est l'objet de la compendieuse. » Sous l'empire du Code civil, si un testateur s'était servi de cette expression, et n'avait rien ajouté qui pût mettre au jour sa volonté, en vertu de l'article 1157, d'après lequel une disposition doit toujours s'entendre dans le sens dans lequel elle peut produire effet plutôt que dans le sens dans lequel elle ne peut en produire aucun, il faudra décider qu'il n'a eu en vue que la substitution vulgaire ; c'est un point qui, d'ailleurs, sera expliqué avec plus de détails, quand nous étudierons l'interprétation des substitutions (art. 896).

Nous venons de voir que, pour qu'il y ait fidéicommis, le testateur a dû employer des termes indiquant au moins sa volonté ; il en résulte qu'un simple conseil, une simple recommandation, ne pourraient servir de fondement à aucune action au profit de celui qui voudrait en induire un fidéicommis (L. 77, § 24, Dig., *de leg.* 2°. — L. 11, § 2, Dig., *de leg.* 3°).

Un fidéicommis peut aussi résulter de la prohibition d'aliéner, mais quelques distinctions sont nécessaires. Un point certain, c'est qu'il est nécessaire pour faire un fidéicommis qu'il y ait quelqu'un auquel il soit destiné, sans quoi le premier gratifié, qui ne se trouve pas chargé de rendre (à qui rendrait-il ?), deviendrait propriétaire incommutable et maître d'en disposer à sa volonté, sans que le testateur ait pu valablement lui en défendre l'aliénation ; la prohibition d'aliéner, qu'il aurait imposée au légataire, serait un *précepte nu* qui n'aurait aucun effet (L. 114, § 14, Dig., *de leg.* 1° — L. 38, § 4, Dig. *de leg.* 3°). C'est aussi la solution adoptée dans notre ancienne jurisprudence par un arrêt du Parlement de Paris de septembre 1584 qui a jugé que la prohibition d'aliéner, même en un legs fait à un bâtard, n'induisait pas fidéicommis en faveur des héritiers du testateur, et en conséquence que les choses comprises dans le legs devaient appartenir au fisc successeur du bâtard (Ricard, ch. 7, part. 1, n. 332).

Mais du moment qu'à la prohibition d'aliéner se joint une personne désignée que le testateur veut favoriser par cette prohibition, il y a fidéicommis (L. 114, § 14, Dig., *de leg.* 1°), par exemple : Si je défends au légataire d'aliéner hors de la famille (L. 69, § 3, Dig., *de leg.* 2°).

Ce que nous venons de dire de la prohibition d'aliéner s'applique également à la prohibition de tester, et il est certain, malgré l'objection qu'on pourrait tirer de la loi 74 Dig. *ad S. C. Trebel.*, que cette prohibition serait sans effet, s'il n'y avait personne en faveur de qui le testateur ait imposé la charge de rendre. La loi 74 est rendue, en effet, dans une espèce particulière et vise le cas où un père, après avoir institué comme héritiers son fils et sa fille, défend à sa fille de tester jusqu'à ce qu'elle ait des enfants ; elle décide qu'il y a fidéicommis au profit du fils. Cela se comprend parce que le frère et la sœur, étant institués conjointement héritiers, il semble résulter que le testateur a eu le désir, par la prohibition de tester imposée à sa fille, que cette dernière fasse héritier son frère : « quasi per hoc, quod prohibuisset eam testari, « petisset, ut fratrem suum heredem faceret.»

Lorsque le fidéicommis vaut au profit de la famille, il faut faire attention aux termes dont s'est servi le testateur. Il a pu exprimer sa volonté d'une manière expresse, par exemple : « je prie que la chose ne soit point aliénée et qu'elle passe à la famille ; » ou bien il a pu dire simplement : « je défends d'aliéner hors de la famille. » Ces deux expressions sont loin d'avoir le même résultat, et deux différences les séparent :

1° Dans le premier cas, le testateur a formellement déclaré qu'il entendait que les biens passassent à la famille. Conséquence : Le fidéicommis est pur et simple, et il y a toujours fidéicommis que le grevé aliène ou non. Dans le second, le fidéicommis est conditionnel, et ne s'ouvrira qu'autant que le grevé contreviendra à la volonté du testateur, c'est-à-dire s'il dispose au profit d'étrangers (L. 77, § 27, Dig., *de leg*. 2°).

2° Quand le testateur a employé la première formule, le grevé ne peut en aucune façon favoriser un membre de la famille au préjudice des autres ; ont droit au fidéicommis tous ceux qui sont au même degré (L. 32, § 6, Dig., *de leg*. 2°). S'il a employé la seconde, il lui est permis d'aliéner au profit d'un seul des membres de la famille (il ne lui est défendu que d'aliéner hors de la famille), et, par la suite, de favoriser ce dernier au préjudice des autres (L. 114, § 17, Dig., *de leg*. 1°. — L. 94, Dig., *de leg*. 3°).

En général, les termes dont se sert le testateur pour gratifier un fidéicommissaire sont adressés à celui qui est chargé de restituer, mais il peut arriver qu'ils soient adressés à d'autres personnes, et cela n'empêchera pas qu'il y ait fidéicommis. C'est ce qui résulte des lois 69, Dig., *de leg.* 2° et 108, §§ 13-14, *de leg.* 1°, qui ont décidé : la première, que les paroles peuvent être adressées au substitué ; la seconde, que les termes peuvent être adressés à un créancier gagiste qui, après avoir vendu la chose donnée en gage, restituera l'excédant à la fille du testateur.

Une controverse s'était élevée entre Ricard et Faber sur le point de savoir, si la prohibition d'aliéner hors de la famille entraînait celle de tester au profit d'étrangers. Faber soutenait la négative en s'appuyant sur de nombreux textes ; nous aimons mieux toutefois l'opinion de Ricard, et nous pensons que le testament doit être considéré comme un acte d'aliénation. Qu'est-ce, en effet, qu'une aliénation ? Deux lois nous en donnent la définition : « Est alienatio omnis actus « per quem dominium transfertur. » (L. 1, Cod., *de fund. dot.*) — « Certum esse sancimus, quod etiam illa de « cætero videbitur earumdem fuisse rerum alienatio, « quæ in testamento genitoris......... vel generaliter « heredem instituendo facta sit. » (L. 8, § 2, Cod., *de secund. nupt.*)

Quand les paroles sont adressées à l'héritier, le défunt a pu laisser à ce dernier le droit de choisir l'appelé parmi un certain nombre de personnes. Cette disposition est parfaitement valable, et ne doit pas être considérée comme laissée à la pleine volonté du grevé, ce qui entraînerait la nullité du fidéicommis. Si le substituant avait dit : « Mon héritier rendra, *s'il le veut*, mes biens à un tel, » il faut décider que la charge de rendre n'existe pas, et qu'aucun appelé ne peut avoir action pour demander la restitution : « legatum in alienâ vo- « luntate poni potest : in heredis non potest. » (L. 43,

§ 2, Dig., *de leg.* 1°. — Voy. aussi L. 46, § 3, Dig., *de fideic. libert.*) Il n'en est pas de même lorsque l'élection seule, entre un certain nombre de personnes, est livrée à la volonté du grevé, car il n'est pas libre de ne point rendre. La charge de rendre existe donc. La conséquence qui en découle est que, si l'héritier n'a pas fait élection, tous ceux que le disposant a désignés viendront au fidéicommis. (L. 24, Dig., *de leg.* 2°.)

Le plus ordinairement l'élection ne se faisait qu'après l'ouverture du fidéicommis, et celui qui avait su s'attirer les bonnes grâces du grevé devenait seul propriétaire des biens. Le choix ainsi fait était irrévocable. Il pouvait arriver aussi que l'élection fût faite avant l'ouverture du fidéicommis. Demandons nous quelle en était la valeur. Si l'élection a été faite par testament ou par donation à cause de mort, pas de difficulté ; elle est révocable comme les actes qui la contiennent. Si elle a été faite par donation entre-vifs, comme cette dernière est irrévocable, on est tenté au premier abord de décider qu'elle a ce même caractère. Ce serait une erreur, car les lois romaines sont contraires à cette solution. La loi 77, § 10, Dig., *de leg.* 2° est formelle, et, malgré le choix fait par donation entre-vifs, il en résulte que le grevé peut cependant choisir une autre personne : « Uni ex liberis prædia fideicommissi, « viva (filia) donavit : Non esse electionem, propter « incertum diem fideicommissi, certæ donationis, vi- « debatur : Nam in eum destinatio dirigi potest, qui « fideicommissum inter cæteros habiturus est, remota « matris electione. »

La faculté d'élire se perd par la mort civile, c'est-à-dire par la condamnation aux mines (L. 17, § 6, Dig., *ad S. C. Trebel.*) et non par la déportation (L. 77, § 4, Dig., *de leg.* 2°).

CHAPITRE II.

DIFFÉRENTES ESPÈCES DE FIDÉICOMMIS.

Le disposant est maître de disposer de ses biens comme il l'entend ; selon qu'il a exprimé sa volonté de telle ou telle manière, le fidéicommis peut revêtir diverses formes, et avoir plus ou moins d'étendue. Il peut être à titre universel ou à titre particulier, simple ou graduel, unilatéral ou réciproque, temporaire ou perpétuel, ou bien enfin le grevé n'est tenu de rendre que ce qui restera. Cette dernière espèce est ce qu'on appelle le fidéicommis *de residuo* ou *de eo quod supererit*.

Nous commencerons l'étude de ces différentes espèces de fidéicommis, par le fidéicommis universel.

SECTION I.
Des fidéicommis universels.

Le fidéicommis universel est celui par lequel le grevé est tenu de rendre au fidéicommissaire soit toute l'hérédité, soit une quote-part de l'hérédité.

Recherchons quelle était, après la remise effectuée du fidéicommis, la position juridique du fidéicommissaire. La législation a eu de nombreuses variations et il nous faut, pour répondre à cette question, considérer successivement plusieurs époques.

PREMIÈRE ÉPOQUE, *antérieure au Sénatus-consulte Trébellien.*

A l'origine, selon les principes du droit civil, la qualité d'héritier une fois attachée à une personne suivait toujours cette personne qui ne pouvait, par aucun moyen, se soustraire à cette qualité d'héritier. C'était l'application du principe « *semel heres, semper heres* »(L. 88, *in fin.*, Dig., *de hered. inst.*). De là, cette conséquence que, malgré la restitution opérée, le grevé était toujours le représentant du défunt, et comme tel, en butte aux poursuites des créanciers héréditaires. Il eût été certainement plus équitable de permettre aux créanciers de poursuivre le fidéicommissaire *in solidum* ou *pro ratâ parte* selon que le disposant avait imposé à son héritier la charge de rendre toute l'hérédité ou seulement une quote-part, mais le droit civil ne permettait pas cette division d'actions, et le grevé, qui pouvait seul poursuivre le recouvrement des créances, était le seul qui pouvait être poursuivi. Comme le fidéicommissaire, qui gardait seul l'émolument, devait en définitif supporter les charges, voici comment il était remédié à l'inconvénient du droit civil. L'héritier faisait au fidéicommissaire *nummo uno, dicis causâ*, une vente fictive de l'hérédité, et les mêmes stipulations qui intervenaient entre le vendeur et l'acheteur de l'hérédité intervenaient entre l'héritier et le fidéicommissaire. Le second stipulait du premier que celui-ci lui restituerait tout ce qui lui proviendrait *ex hereditate*, et qu'il le constituerait *procurator* ou *cognitor* à l'effet d'intenter les actions héréditaires. De son côté, l'héritier stipulait du fidéicommissaire que celui-ci l'indemniserait de toutes les sommes qu'il aurait été obligé de payer, de celles qu'il aurait dépensées de bonne foi, et enfin qu'il le défendrait contre toute poursuite qu'il aurait à subir en sa qualité d'héritier. (Voy. Gaïus, Com. 2, § 252.)

Si l'héritier avait été chargé de rendre une quote-part, les mêmes stipulations intervenaient, mais bien entendu elles étaient restreintes, et le fidéicommis saire en supposant une restitution du quart, n'était tenu envers le grevé que de l'indemniser du quart des sommes que ce dernier aurait pu débourser.

DEUXIÈME ÉPOQUE. — *Sénatus-consulte Trébellien.*

La législation que nous venons d'exposer était défectueuse en ce sens, que les héritiers grevés de la charge de rendre avaient intérêt à ne pas faire adition d'hérédité, ce qui entraînait par voie de conséquence l'extinction du fidéicommis. Ils avaient, disons-nous, intérêt à répudier l'hérédité, car ils couraient le plus grand danger. Du moment qu'ils avaient accepté, ils étaient liés envers les créanciers héréditaires, et si le fidéicommissaire auquel ils avaient restitué devenait insolvable, ils étaient néanmoins tenus de payer les dettes de la succession, dettes qui restaient à leur charge puisque leur recours était devenu tout à fait illusoire.

Le sénatus-consulte Trébellien eut pour but de remédier à ces graves inconvénients en mettant l'héritier à l'abri des conséquences fâcheuses qui pouvaient résulter de son acceptation.

Ce sénatus-consulte fut rendu sous Néron, le 8 des calendes de septembre, an 62 de notre ère, sous le consulat de Æneus Seneca et Trebellius Maximus.

Le texte même du sénatus-consulte se trouve dans la loi 1, § 2, Dig. *ad S. C. Trebel.*

Voici l'analyse de ce texte :

L'hérédité une fois restituée, toutes les actions héréditaires tant actives que passives passaient au fidéicommissaire et contre lui, mais seulement comme actions *utiles*..Quant aux actions *directes*, d'après le vieux principe « *semel heres, semper heres*,» elles continuaient d'exister au profit et contre l'héritier qui avait fait la restitution, mais elles étaient paralysées par l'exception *restitutæ hereditatis* que pouvaient invoquer soit l'héritier poursuivi par les créanciers du défunt, soit ces derniers poursuivis par l'héritier.

Il y a un cas cependant où cette exception *restitutæ hereditatis* ne pouvait être invoquée par l'héritier qui avait opéré la restitution. Ce cas est celui où, le fidéicommissaire étant absent et l'action temporaire du créancier héréditaire sur le point d'être périmée, ce dernier se trouvait dans l'impossibilité de se servir de son action. On lui permettait alors d'attaquer directement l'héritier qui ne pouvait le repousser par l'exception. (L. 49, Dig., *ad S. C. Trebel.*)

Le sénatus-consulte Trébellien s'applique toutes les fois qu'il y a lieu de restituer l'hérédité entière ou seulement une quote-part, c'est-à-dire lorsqu'il y a fidéicommis universel : « Trebellianum S. C. habet, « quoties quis suam hereditatem, vel totam, vel pro « parte, fidei heredis committit.» (L, 27, § 8, Dig., *ad S. C. Trebel.*) Remarquons, pour qu'il y ait fidéicommis universel, qu'il n'est point nécessaire que le fidéicommis soit de l'hérédité entière ; il peut être d'une part de cette hérédité, du tiers, du quart etc...; réciproquement qu'il peut très-bien ne pas y avoir fidéicommis universel, bien que l'hérédité entière soit grevée de restitution. Pour que le fidéicommis soit universel, il faut qu'il contienne les droits actifs et passifs de l'hérédité, du moins pour la portion pour laquelle il est fait; conséquences : 1° Il y a fidéicommis universel lorsque l'héritier est chargé de rendre un quart de l'hérédité, car le fidéicommissaire participe pour sa portion à tous les droits actifs et passifs de cette succession et il ne peut prendre sa part qu'à la charge de supporter une partie des dettes (L. 39, § 1, Dig., *de verb. signif.*). 2° Il n'y a pas fidéicommis universel lorsque je charge mon héritier de rendre à Sempronius l'hérédité entière de Mævius qui m'est échue ; cette hérédité, en effet, ne comprend pas tous les droits actifs et passifs de ma succession, et le fidéicommissaire ne sera tenu que des charges qui grevaient la succession de Mævius : « Lucio Sempronio lego « omnem hereditatem Mævii. Sempronius ea demum « onera suspiciet quæ Mævianæ hereditatis fuerunt.» (L. 76, § 1, Dig., *de leg.* 2e.)

La restitution des biens fidéicommissés pouvait être faite par l'héritier capable ou son mandataire. Le pupille restituait lui-même, assisté de son tuteur, à moins que le fidéicommissaire ne fût le tuteur lui-même (L. 1, § 13, Dig., *ad S. C. Trebel.*). Quant au *furiosus*, c'était son curateur qui restituait pour lui. — A qui cette restitution devait-elle être faite? Au fidéicommissaire ou à son mandataire. S'il s'agissait d'un pupille qui *fari poterat*, il recevait lui-même, *tutore auctore*; s'il était encore *infans*, la loi 65, § 3, Dig., *eod. tit.*, nous dit que la restitution devra être faite à un esclave de l'*infans*, ou à l'*infans, tutore auctore ;*

Justinien, par la loi 7, Cod., *eod. tit.*, a autorisé le tuteur à recevoir seul.

Le sénatus-consulte Trébellien avait pour effet de faire passer à et contre le fidéicommissaire toutes les actions civiles, prétoriennes et naturelles existant à l'époque de la restitution, et telles qu'elles existaient entre les mains de l'héritier (L. 40, Dig., *ad S. C. Trebel.*). En un mot, le fidéicommissaire est *loco heredis*, et c'est lui qui sera chargé du paiement des legs et des charges de la succession : « Ad eum, cui ex Trebel-« liano S. C. pars hereditatis restituitur, successionis « onera, seu legatorum præstationem pro competenti « portione spectare, indubitati juris est. » (L. 2, Cod., *eod. tit.*)

Troisième Époque. — *Sénatus-consulte Pégasien.*

Le système du sénatus-consulte Trébellien parut bientôt défectueux, et, onze ans après sa promulgation, des règles nouvelles furent établies. Sans doute le sénatus-consulte Trébellien donnait à l'héritier une position à l'abri des poursuites des créanciers héréditaires ; mais, comme chargé de restituer toute ou presque toute l'hérédité, il n'avait aucun intérêt à faire adition, il s'abstenait et faisait tomber toutes les dispositions du testament, conséquemment le fidéicommis (Inst., § 5, *de fideic. hered.*— Gaïus, Com., 2, § 254).

Le sénatus-consulte Pégasien, rendu sous le règne de Vespasien, vint donner à l'héritier un intérêt à faire adition, en lui permettant de garder par devers lui un quart de l'hérédité qu'il était chargé de restituer, *perinde atque e lege Falcidiâ in legatis retinere conceditur*. Une autre disposition importante de ce sénatus-consulte consiste dans le droit pour le fidéicommissaire de forcer l'héritier à faire adition.

Reprenons en détail ces deux nouvelles décisions.

§ I. — *De la quarte Pégasienne*.

Elle est appelée par les Romains quarte Falcidie, ou simplement la Falcidie par suite de la ressemblance qu'elle avait avec cette dernière, et en vertu de laquelle l'héritier surchargé de legs pouvait aussi retenir le quart des biens. Nous pensons cependant que, malgré la même dénomination, il existe une différence relative aux imputations que l'héritier doit faire sur l'une ou sur l'autre. Nous reviendrons bientôt sur ce point.

Avait droit à la quarte Pégasienne l'héritier inscrit chargé d'un fidéicommis universel (L. 47, § 1, Dig., *ad leg., Falcid.*) ; par la suite, l'héritier *ab intestat* eut le même bénéfice : « Dixi, legem Falcidiam inductam « esse a divo Pio etiam in intestatorum successioni- « bus propter fideicommissa. » (L. 18, *princ.*, Dig., *eod tit.*)

Le paragraphe 5 des Instituts *de fideic. hered.*, après avoir parlé du droit pour l'héritier grevé d'un fidéicommis universel de retenir la quarte, ajoute : « Ex singulis quoque rebus quæ per fideicommissum « relinquuntur, eadem retentio permissa est. » Il semble bien résulter de ce paragraphe que c'est le sénatus-consulte Pégasien qui a attribué aussi le même bénéfice à l'héritier chargé d'un fidéicommis particulier. Vinnius (*princ. de leg. Falcid.*) pense cependant que ce droit appartient à l'héritier bien avant cette époque. Comment, dit-il, comprendre que ce droit ne date que du sénatus-consulte Pégasien, postérieur de plus d'un siècle à la loi Falcidie, et que, pendant un aussi long espace de temps, il eût été permis, par une voie indirecte, le fidéicommis, de dépouiller complètement son héritier, ce qu'on ne pouvait faire par la voie directe, le legs. Il ajoute que l'objection qu'on pourrait lui opposer du texte des Instituts, peut être combattue facilement, car la phrase ne dit pas positivement que c'est le sénatus-consulte qui a introduit ce droit, elle ne fait que constater un fait. D'ailleurs, est-ce que le Pégasien n'a pas en vue, comme le Trébellien, les fidéicommis universels !

Nous ne pouvons admettre l'opinion de Vinnius, et nous pensons au contraire que le sénatus-consulte Pégasien, en accordant à l'héritier grevé d'un fidéicommis universel le droit de retenir le quart des biens, l'a accordé en même temps à l'héritier grevé d'un fidéicommis particulier. Nous avons pour nous le paragraphe des Instituts et le paragraphe correspondant de Gaïus (Com. 2, § 254), et nous pouvons ajouter que s'il était permis, dans l'intervalle qui a séparé la Falcidie et le sénatus-consulte Pégasien, de dépouiller, par un fidéicommis universel, son héritier, ce qui ne pouvait être fait par des legs, on ne voit pas la raison de décider autrement en cas de fidéicommis particuliers.

Voici la conséquence de l'opinion de Vinnius : tandis qu'on appliquera en matière de fidéicommis universels les règles de la quarte Pégasienne, on appliquera celles de la Falcidie en matière de fidéicommis particuliers.

Examinons donc en quoi ces deux quartes diffèrent l'une de l'autre.

Les anciens jurisconsultes ne sont pas d'accord. Cujas et Pothier les assimilent complètement et invoquent à l'appui de leur solution la loi 91, Dig., *ad leg. Falcid.* Nous préférons la doctrine de Vinnius et d'Ant. Faber (Conject., liv. VI, cap. 3), et nous pensons qu'il y a une différence à faire quant aux imputations.

Lorsqu'il s'agit de la quarte Falcidie, l'héritier doit imputer seulement ce qu'il reçoit à titre d'héritier, *jure hereditario* ; s'agit-il au contraire de la quarte Pégasienne, il doit imputer tout ce qu'il reçoit du défunt, n'importe à quel titre, soit à titre héréditaire, soit à titre de legs, soit à titre de fidéicommis. Cette différence semble bien résulter de la loi 91 ci-dessus (1). Cette solution est au surplus conforme au but que se proposait le sénatus-consulte Pégasien, et à l'intention probable du disposant. Le sénatus-consulte est venu donner à l'héritier un intérêt à faire adition ; or, cet intérêt existe du moment que l'héritier recueille, à quelque titre que ce soit, le quart des biens du disposant. Tout autre a été le but de la loi Falcidie, qui

(1) Voici comment Cujas arrivait à démontrer que les imputations à faire étaient les mêmes. Pour obtenir ce résultat, qu'il est impossible d'admettre en présence de la loi 91, il avait imaginé de corriger le texte de cette manière. Pour lui, la conjonction *sed* signifiait : *il en est de même*, ce qui, au lieu d'exprimer une restriction, indiquait que la seconde phrase n'était que le complément de la première ; et pour mettre le reste du texte d'accord avec cette interprétation, il ajoutait une négation à : *in quartam id ei imputatur*. — Voy. aussi la Glose.

défend de léguer plus des trois quarts de l'hérédité; pour que cette loi soit respectée, il faut donc que l'héritier conserve *jure hereditario* au moins le quart de l'hérédité.

Quant à l'intention du disposant, il est très-raisonnable de penser qu'elle est conforme à cette interprétation. Quand le testateur a légué plus des trois quarts de ses biens, il est probable qu'il se trompait sur la valeur de son patrimoine, et que son intention n'était pas de priver son héritier de toute sa portion héréditaire en le grevant de legs dépassant la quotité disponible; il en résulte que la Falcidie ne va pas à l'encontre de la volonté du testateur. Lors, au contraire, que le testateur a chargé son héritier de restituer tout ou partie de ce qu'il a reçu, il est manifeste que son intention était que son héritier ne gardât rien de sa succession; la quarte Pégasienne, en permettant à l'héritier de garder le quart des biens qu'il est chargé de rendre, porte donc atteinte à sa volonté. Rien de plus naturel alors, les termes du sénatus-consulte ne s'y opposant pas, de multiplier les imputations que l'héritier doit faire sur sa quarte.

L'héritier grevé d'un fidéicommis est propriétaire des biens tant qu'il n'a pas restitué l'hérédité; comme propriétaire, il a dû percevoir les fruits. De là, la question de savoir s'ils doivent être imputés sur sa quarte. Les textes font une distinction qu'il est facile de comprendre. S'il les a perçus par la volonté du défunt, le fidéicommis ayant été fait à terme ou sous condition, il devra les imputer sur sa quarte, car il est sans doute entré dans les intentions du défunt que l'héritier, au moyen de ces fruits, aurait sa quarte intacte. Si, au contraire, il les a perçus par suite de la négligence que le fidéicommissaire a mise à former sa demande en restitution, il les gardera à titre d'indemnité de son administration (L. 22, § 2, Dig., *ad S. C. Trebel.*).

Pour avoir droit à la quarte Pégasienne, il faut être héritier (Inst., § 5, *de fideic. hered.*), et être chargé de rendre à un tiers tout ou partie de l'hérédité. Si nous supposons que le fidéicommissaire soit lui-même grevé à son tour de la charge de restituer ce qu'il a reçu, pourra-t-il, lui aussi, réclamer la quarte à l'encontre du second fidéicommissaire? En principe, non, et le testament, après que l'adition a été faite, doit être exécuté selon la volonté du défunt. Mais il faut apporter une restriction. Si l'héritier grevé du fidéicommis a fait adition sur l'ordre du préteur et sur la demande du premier fidéicommissaire, ce dernier prend véritablement la place de l'institué, qui ne peut rien garder de l'hérédité, pas même les objets que le défunt lui aurait expressément permis de retenir, et, comme conséquence, il pourra faire réduire les legs et les fidéicommis qui auraient pu être réduits par l'institué. Bien entendu, si le fidéicommissaire grevé d'un fidéicommis avait été lui-même réduit en vertu du Sénatus-consulte Pégasien, il ne serait tenu de rendre les biens que déduction faite de la diminution qu'ils ont subie (L. 78, § 11, Dig., *ad S. C. Trebel.*). C'est du reste l'application d'un principe que nous connaissons déjà : « Placet non plus posse rogari quem restituere, « quam quantum ei relictum est. » (L. 114, § 3, Dig., *de leg.* 1°).

Sous l'empire du sénatus-consulte Pégasien, le fidéicommissaire se trouvait être *loco legatarii*, et l'héritier qui, malgré la restitution des trois quarts, conservait toujours sa qualité d'héritier, était tenu des *onera hereditaria*. Comme, en définitive, il était juste de faire supporter les charges héréditaires proportionnellement à ce que l'héritier et le fidéicommissaire retiraient de la succession, les choses se passaient comme si le testateur avait fait une *partitio*, c'est-à-dire un legs ayant pour objet une quote-part de l'hérédité. Les stipulations *partis et pro parte* intervenaient entre le fidéicommissaire et l'héritier grevé de la charge de rendre. Ces stipulations avaient pour but de faire supporter et de faire acquérir en commun, *pro ratâ parte*, les charges et les profits qui étaient la conséquence de l'adition d'hérédité.

Ainsi, pas de transport d'actions : elles restent toujours attachées à la personne de l'héritier. Telle fut la troisième transformation que subit le fidéicommissaire, lorsque la restitution du fidéicommis eut lieu *ex S. C. Pegasiano*.

Malgré la promulgation du sénatus-consulte Pégasien, nous allons voir que le sénatus-consulte Trébellien n'a pas été abrogé, et qu'il est resté applicable dans deux hypothèses : 1° toutes les fois que l'héritier n'est pas chargé de restituer plus des trois quarts de l'hérédité ; 2° lorsque l'héritier refuse de faire adition.

Lorsque l'héritier grevé de fidéicommis conservait, malgré la restitution, au moins le quart de la succession, la restitution se faisait d'après le sénatus-consulte Trébellien. Les actions héréditaires se distribuaient entre l'héritier et le fidéicommissaire *pro ratâ parte*, et étaient données à l'héritier et contre lui comme actions directes, au fidéicommissaire et contre lui comme actions utiles. (Gaïus, Com. 2, § 255. — Inst., § 6, *de fideic. hered.*)

Le défunt a pu imposer à son héritier la charge de restituer l'hérédité à un tiers moins un certain objet. En vertu duquel des deux sénatus-consultes la restitution sera-t-elle faite? Une distinction est nécessaire : Ou l'objet vaut au moins le quart de la succession, ou il a une valeur moindre. Dans le premier cas, il n'y a pas lieu d'appliquer le sénatus-consulte Pégasien, et la restitution se fera d'après le sénatus-consulte Trébellien, avec cette différence toutefois que les actions héréditaires passeront *in solidum* sur la tête du fidéicommissaire; l'héritier se trouve alors assimilé à un acquéreur à titre particulier, à un simple légataire particulier, et, comme tel, exempt de toute contribution aux dettes. Cependant cette assimilation n'est pas complète, car un véritable légataire n'a jamais droit qu'à son legs, tandis que l'héritier pourrait prendre toute l'hérédité dans le cas où le fidéicommissaire viendrait à faire défaut.

Dans le cas où l'objet que le défunt permet à l'héritier de retenir vaut moins du quart, le grevé peut s'en contenter et remplir complètement la volonté du défunt; il peut aussi demander le complément de sa quarte, auquel cas la restitution s'opère suivant le sénatus-consulte Pégasien.

Si l'héritier chargé de restituer plus des trois quarts ne veut pas opérer de réduction, faut-il appliquer le sénatus-consulte Pégasien ou le sénatus-consulte Trébellien ? Les jurisconsultes romains n'étaient pas d'accord. Gaïus (Com. 2, §§ 256 et 257) pensait que le sénatus-consulte Pégasien était seul applicable : « Si « quis plus quam dodrantem, vel etiam totam here« ditatem restituere rogatus sit, locus est Pegasiano « senatus consulto. » Il y avait lieu alors à des stipulations analogues aux stipulations *emptæ et venditæ hereditatis*. Cette doctrine de Gaïus n'était point universellement admise, et Paul et Modestin pensaient que, du moment où l'héritier se refusait à invoquer le sénatus-consulte Pégasien, il fallait appliquer le Trébellien : « Totam hereditatem restituere « rogatus, si quartam retinere nolit, magis est ut eam « ex Trebelliano debeat restituere : tunc enim omnes « actiones in fideicommissarium dantur. » (Paul, Sentent., liv. 4, tit., 3, § 2. Voy. aussi la loi 45, Dig., *ad S. C. Trebel.*)

§ 2. — *Du droit pour le fidéicommissaire de forcer l'héritier à faire adition.*

Nous venons de supposer jusqu'à présent que l'héritier avait fait adition spontanément. Le deuxième chef du sénatus-consulte Pégasien, prévoyant le cas où l'héritier refuserait de faire adition, permet au fidéicommissaire de l'y contraindre.

Le fidéicommissaire universel était le seul qui pouvait forcer l'héritier à faire adition (Inst., § 6, *de fideic. hered.*), et ce droit n'avait pas été étendu au fidéicommissaire particulier. Cette différence était fondée sur ce que le fidéicommissaire particulier ne pouvait être poursuivi par les créanciers ; les actions héréditaires, en effet, *ad eum transire non possunt*; aussi la loi 14, § 6, Dig., *ad S. C. Trebel.*, ajoute-t-elle : « Si fideicom« missum pecuniarium alieni fuerit relictum, cessat « compulsio, tametsi indemnitatis cautio offeratur. »

L'esclave qui avait reçu directement la liberté *ex testamento* pouvait aussi forcer l'héritier à faire adition. Si la liberté ne lui avait été laissée que par fidéicommis, il fallait d'abord qu'il fût affranchi par le fiduciaire chargé de lui remettre les biens compris dans le fidéicommis (L. 22, § 1, Dig., *ad S. C. Trebel.*). Au contraire, le fils de famille qui était sous la puissance paternelle avait, relativement contre son père, le même droit que tout fidéicommissaire (L. 13, § 5, *eod. tit.*).

Il arrivait quelquefois que la personne appelée à l'hérédité comme fidéicommissaire y était en même temps appelée à un autre titre, par exemple, comme substitué vulgaire. Voici ce que décide la loi 6, § 5, Dig., *ad S. C. Trebel.* Un testateur avait dit : J'institue Titius mon héritier, et je le charge de rendre ma succession à Sempronius, que je lui substitue. Dans cette hypothèse, le jurisconsulte Ulpien se demande si Sempronius peut forcer Titius à faire adition d'hérédité. A quoi cela servira-t-il, puisque Sempronius peut venir à la succession en qualité de substitué vulgaire ! Cependant, comme il peut avoir intérêt à garder son titre de fidéicommissaire, par exemple si la substitution est grevée de legs ou d'affranchissements qui ne grèvent pas le fidéicommis, il est plus vrai de dire qu'il pourra forcer Titius à faire adition.

L'héritier a pu être institué sous la condition d'accomplir tel fait. *Quid*, s'il ne veut pas l'accomplir? De deux choses l'une : ou la condition *neque difficultatem, neque turpitudinem ullam habet*, ou bien elle est *turpis aut difficilis*. Dans le premier cas, le préteur peut forcer l'héritier à accomplir la condition et à restituer l'hérédité au fidéicommissaire. Dans le second, au contraire, si nous supposons une condition qui ne peut être accomplie que par un fait personnel de l'héritier, condition de faire un tableau, un portrait, il est impossible de forcer l'héritier à l'exécuter. La conséquence sera l'évanouissement du fidéicommis par suite de la non-adition(L. 63, § 7, Dig., *ad S. C. Trebel.*). Si la condition imposée à l'héritier était de donner une somme d'argent, le fidéicommissaire devait commencer par lui offrir pareille somme (§ 8, *ead. leg.*).

Lorsque le fidéicommis est conditionnel, le testament se trouve soumis à des chances de caducité qui peuvent provenir du chef de l'héritier, dans l'intervalle qui sépare la mort du *de cujus* de l'arrivée de la condition. Le fidéicommis subit par la suite les mêmes chances de caducité. L'empereur Antonin, par faveur pour les fidéicommis, permit au fidéicommissaire d'agir avant l'arrivée de la condition, et de forcer immédiatement l'héritier à faire adition.

Si la condition ne se réalise pas, ou si le fidéicommissaire meurt avant son accomplissement (ce qui fait qu'il n'a pu transmettre aucun droit à ses héritiers), le fiduciaire se trouve seul exposé aux poursuites des créanciers d'une succession qu'il n'avait acceptée que contraint. Il est donc victime d'une acceptation à laquelle il lui était impossible de se soustraire ! Le rescrit d'Antonin avait prévu cette conséquence dangereuse, et avait décidé que l'acceptation serait considérée comme n'ayant jamais existé, et que les biens du défunt seraient vendus sous le nom de ce dernier (L. 11, § 2, Dig., *ad S. C. Trebel.*).

Le but que s'était proposé l'Empereur ne se rencontre plus quand il y a plusieurs héritiers, et il n'y a plus de motifs pour permettre au fidéicommissaire d'agir avant l'arrivée de la condition. Le rescrit ne s'applique donc qu'à l'héritier *ex asse;* c'est aussi ce que nous apprend la loi 12, *eod. tit.* : « Sed cum ab

« herede pro parte instituto fideicommissa hereditas « sub conditione relicta esset : imperator Titus An« toninus rescripsit, non esse locum constitutioni « suæ. »

Voyons maintenant les effets de l'adition forcée. Elle a pour but de rendre efficace le testament qui contient le fidéicommis, et cela, malgré la volonté de l'héritier ; elle est donc dans l'intérêt du fidéicommissaire, et à ses risques et périls. De là les conséquences suivantes :

L'*heres coactus* doit être rendu indemne de toutes les suites fâcheuses de son adition forcée. C'est ainsi que s'il avait reçu un legs du testateur pour le cas où il ne se porterait pas héritier, le fidéicommissaire devait lui payer ce legs avant de le contraindre à faire adition (L. 27, § 15, Dig., *ad S. C. Trebel.*).

L'héritier est considéré comme n'ayant pas accepté. Résultat : il doit être privé de tous les émoluments résultant de l'adition d'hérédité. Il ne peut rien retenir *jure Falcidiæ* (L. 14, § 4. Dig. *eod. tit.*) ; il ne peut même pas profiter des prélèvements que le testateur l'avait autorisé à faire avant de restituer (L. 27, § 14. Dig., *eod. tit.*) : « Si præceptis quibusdam rebus heres « rogatus sit restituere hereditatem, et coactus eam « adierit, an præcipere debeat ? Respondi eum qui, « jussu prætoris, adit hereditatem, omni commodo « prohiberi debere. » Il ne profite pas non plus d'une substitution faite à son profit sous cette condition : *Si heres esset*.

Réciproquement, cet héritier est à l'abri des poursuites des créanciers héréditaires, et toutes les actions passent *in solidum* sur la tête du fidéicommissaire *ex senatus consulto Trebelliano*. C'est là la seconde application de ce sénatus-consulte sous l'empire du Pégasien.

La restitution une fois faite, le fidéicommissaire tiendra la place de l'héritier; comme tel, il sera chargé du paiement des legs et des fidéicommis, et il aura droit à la quarte Falcidie comme l'héritier y aurait eu droit lui-même.

En résumé, pendant cette période (coexistence des deux sénatus-consultes), le fidéicommissaire est tantôt *loco legatarii*, tantôt *loco heredis*.

Quatrième Époque. — *Epoque de Justinien.*

Les stipulations *partis et pro parte*, qui intervenaient sous l'empire du sénatus-consulte Pégasien, présentaient les mêmes dangers que ceux que nous avons déjà remarqués dans les stipulations *emptæ et venditæ hereditatis*. L'héritier qui a fait adition spontanément, et qui a restitué, garde toujours la qualité d'héritier; si les créanciers héréditaires le poursuivent, il pourra bien recourir contre le fidéicommissaire; mais si ce dernier est insolvable, c'est lui qui supportera en définitive toutes les dettes. Papinien traitait déjà ces stipulations de captieuses, sans doute en vue de l'hypothèse que nous venons d'indiquer (Inst., § 7, *de fideic. hered.*).

Justinien, pour remédier à cet inconvénient, fondit ensemble le système du sénatus-consulte Trébellien, et celui du sénatus-consulte Pégasien. Il déclare abroger le Pégasien, et donner toute autorité au Trébellien; mais, comme nous allons le voir, il emprunte au premier ses deux dispositions principales. Le système de Justinien peut se formuler ainsi :

Le fidéicommissaire est toujours *loco heredis;* il en résulte que les actions héréditaires pourront être exercées par et contre lui pour la part qu'il prend dans l'hérédité, ou même pour le tout, si cette hérédité lui est restituée tout entière.

L'héritier, chargé de restituer toute l'hérédité ou une partie supérieure aux trois quarts, a droit à la quarte introduite par le sénatus consulte Pégasien.

Si, malgré cet avantage, l'héritier se refuse à faire adition, le fidéicommissaire peut demander qu'il y soit contraint « nullo nec damno nec commodo apud « heredem remanente. » (Inst., § 7, *de fideic. hered.*)

Justinien alla plus loin et fit d'autres innovations : il décide dans la Novelle 1, ch. 2, § 2, que le testateur peut, par une déclaration expresse, interdire à son héritier de réclamer la quarte; et, dans la Novelle 119, ch. 11, que l'immeuble fidéicommissé et déclaré inaliénable est par là même soustrait à l'application de la Falcidie.

Si le grevé chargé de rendre plus des trois quarts de l'hérédité se conforme à la volonté du défunt, il ne lui sera pas permis de répéter ce qu'il a payé en trop. (L. 19, Cod., *ad leg. Falcid.*) Il en était ainsi dans l'ancien droit, où l'on voyait dans la non-retenue de la quarte l'accomplissement d'un devoir de conscience : « Nec enim indebitum solvisse videtur qui plenam fi« dem defuncto præstare maluit. » (Paul, Sent., liv. 4, tit. 3, § 4.) De même, l'héritier, qui, ne sachant pas avoir le droit de retenir la quarte, aurait intégralement restitué l'hérédité, ne pourrait pas exercer la répétition pour partie en disant qu'il avait le droit d'opérer une réduction. Cette décision, due aux empereurs Sévère et Antonin, est fondée tant sur ce qu'il y a erreur de droit que sur ce que l'erreur est inexcusable : « Quod si ideo repetitionem ejus pecuniæ ha- « bere credunt, quod imperitia lapsi legis Falcidiæ « beneficio usi non sunt : sciant, ignorantiam facti, « non juris prodesse : nec stultis solere succurri, sed « errantibus. » (L. 9, § 5; Dig., *de juris et facti ignor.*)

Mais si l'erreur résultait d'une erreur de calcul parce que des biens n'avaient pas été compris dans la masse à partager entre le fidéicommissaire et l'héritier, ce dernier pourrait répéter le complément de la quarte en répétant la possession des choses héréditaires. (L. 21, Dig., *ad S. C. Trebel.*)

Section II.

Des fidéicommis particuliers.

Nous avons déjà examiné plus haut quelles personnes pouvaient être appelées à un fidéicommis et quelles choses on pouvait leur laisser par cette manière de disposer. Nous savons aussi que par fidéicommis particulier on pouvait être chargé d'affranchir l'esclave d'autrui, et que Justinien, reproduisant la décision d'Alexandre Sévère (L. 6, Cod., *de fideic. libert.*), décide que si le propriétaire ne veut pas se défaire de son esclave, l'exécution du fidéicommis sera seulement retardée : « Non statim extinguitur fideicom- « missa libertas, sed differtur. »

Nous n'avons plus qu'à nous demander quelle est la position de cet esclave affranchi par fidéicommis.

L'esclave ainsi affranchi devenait *libertus ejus qui eum manumiserat.* C'est là une différence capitale à noter avec l'affranchissement direct par lequel l'esclave n'acquérait la liberté qu'après la mort de son patron ; aussi disait-on de lui qu'il était *libertus or-*

cini, parce que son patron était déjà *ad orcum* quand la liberté lui était acquise. Quant aux droits du patron chargé de l'affranchir par fidéicommis, ils nous sont indiqués par la loi 29, Dig., *de bon. libert.* : « Qui « ex causa fideicommissi manumittitur, est quidem « libertus manumissoris, et tam contra tabulas, quam « ab intestato ad bona ejus venire potest quasi patro- « nus; sed operas ei imponere non potest, nec impo- « sitas ab eo petere. »

Cette différence entre la *libertas fideicommissaria* et l'affranchissement direct est dans la nature des choses et subsiste même sous Justinien malgré l'assimilation des legs et des fidéicommis.

Dans l'ancien droit, on pouvait disposer par fidéicommis de toutes les choses qui pouvaient être léguées *per damnationem*. Quand il s'agissait d'un *legatum certum per damnationem*, l'héritier qui niait l'existence de ce legs était condamné au double. (Inst., § 19, *de action.*) Il n'y avait rien de semblable en matière de fidéicommis : « fideicommissi vero nomine « semper in simplum persecutio est. » (Gaïus, Com. 2, § 282.) Comme conséquence de cette différence, il résultait que celui qui payait ce qu'il croyait devoir en vertu d'un legs *per damnationem* ne pouvait jamais répéter. (Gaïus, Com. 2, § 283. — Inst., § 7, *de oblig. quasi ex contr.*)

Justinien ayant mis sur la même ligne tous les legs et les fidéicommis, il ne peut plus être question d'une règle exclusivement applicable au legs *per damnationem*.

Section III.

Des fidéicommis simples et graduels.

Le fidéicommis est simple lorsque la personne en faveur de qui la charge de rendre est imposée n'est pas elle-même chargée de rendre à un tiers.

Le fidéicommis est graduel quand le fidéicommissaire est grevé envers d'autres personnes de telle sorte que, après avoir reçu les biens, il soit tenu de les rendre. Il est graduel en ce sens qu'il contient plusieurs degrés de restitution, par exemple : J'institue Primus, appelant après lui Secundus, et je charge Secundus de remettre à Tertius. La loi 41, § 14, Dig. *de leg* 3°, donne l'exemple d'un fidéicommis graduel.

Cette variété de fidéicommis se pratiquait souvent chez les Romains et se trouvait ordinairement dans les fidéicommis faits à la famille. Mais il ne faut pas en conclure, comme quelques-uns l'ont fait, que les fidéicommis à la famille étaient le seul cas d'application des fidéicommis graduels. C'est là une erreur, et des textes formels contredisent cette assertion (L. 87, § 2, Dig. *de leg*. 2°. — L. 1, § 7, Dig. *de leg*. 3°). La loi 41, § 14, *de leg*. 3°, vient aussi à l'appui de notre solution : « Heredis scripti fidei commiserat, ut Seïæ « uxori universam hereditatem restitueret. Et uxori « fidei commisit in hæc verba, a te, Seïa, peto ut quid- « quid ex hereditate mea ad te pervenerit, reddas, « restituas Mæviæ. » (Voy. Ricard, n° 391.)

La formule des fidéicommis à la famille était ordinairement faite sous la forme d'une défense d'aliéner hors de la famille : « Fratre herede instituto petit, ne « domus alienaretur, sed ut in familia relinqueretur. —Perpetuo volo remanere bona in familia mea neque

« unquam de nomine meo egredi. » (L. 69, § 3, Dig., *de leg*. 2°. — Nov. 159.)

Nous avons déjà examiné les différences qui peuvent résulter des termes dont s'est servi le testateur : « Je prie que la chose ne soit point aliénée et qu'elle passe à la famille, » ou bien : « Je défends d'aliéner hors de la famille; » nous n'y reviendrons donc pas. Ce qu'il nous reste à rechercher, c'est le sens de l'expression *familia*. Quelles personnes comprend-elle? A l'origine, les agnats seuls faisaient partie de la famille ; on admit ensuite les émancipés, tous les parents (L. 69, § 4, Dig., *de leg*. 2°; — L. 114, § 16, Dig., *de leg*. 1°), le gendre et la bru même après la dissolution de leur mariage. (L. 5, Cod., *de verb. et rer. signif.*)

L'ordre dans lequel doivent venir les personnes appelées se règle suivant la proximité de parenté au moment de l'ouverture du fidéicommis. Cela résulte de la loi 69, § 3, *de leg*. 2°. Cette loi, qui suppose un fidéicommis graduel fait à la famille, appelle au fidéicommis tous les membres de la famille ; mais le jurisconsulte Papinien ajoute : « Quid ergo, si non sint « ejusdem gradus? Ita res temperari debet, ut proxi« mus quisque primo loco videatur invitatus. »

Ricard (ch. 8, n° 393) enseignait qu'un fidéicommis ne pouvait être graduel que si le disposant en avait manifesté l'intention d'une manière expresse, c'est-à-dire que des conjectures n'auraient pas suffi pour établir un fidéicommis de cette nature. Les lois romaines sont contraires à cette solution, et il est certain que des présomptions suffisent. La loi 69, § 3, Dig., *de leg*. 2°, que nous avons déjà citée, est l'argument le plus probant qu'on puisse invoquer. Un testateur avait disposé de cette manière : « Fratre herede instituto

« petit, ne domus alienaretur, sed ut in familia relinquereretur, » y a-t-il fidéicommis graduel? Oui, et cela résulte clairement de la suite du texte qui non-seulement appelle au fidéicommis les parents du premier degré, mais encore ceux plus éloignés : « Nec tamen « ideo sequentium causa propter superiores in posterum lædi debet, sed ita proximus quisque admittendus est, si paratus sit cavere, se familiæ domum « restiturum. » Le fidéicommis est donc bien réputé graduel sur simples conjectures.

Jusqu'à Justinien, les fidéicommis n'étaient limités par aucune durée, et ils pouvaient être perpétuels. Il était permis de grever, non-seulement le possesseur actuel, mais aussi les possesseurs ultérieurs. : « Nec « tantum proximi bonorum possessoris, verum inferioris quoque fidei committere possumus. » (L. 1, § 7, Dig., *de leg.* 3°. — Voy. aussi L. 69, § 3; — L. 32, § 6, Dig., *de leg.* 2°.) Depuis cet empereur, on peut se demander si cette faculté de faire des fidéicommis perpétuels n'a pas été restreinte. La Novelle 159, prévoyant le cas d'un fidéicommis perpétuel, décide que ce fidéicommis ne peut avoir d'effet que jusqu'au quatrième degré. Est-ce une décision générale ou particulière? Nos anciens jurisconsultes, Cujas, Ricard, Furgole, pensent que Justinien n'a jamais eu l'intention de faire une décision générale qui comprît tous les fidéicommis graduels, mais bien une décision particulière à l'espèce soumise à son jugement. Ils ajoutent, à l'appui de leur solution, que les termes dont se sert Tribonien pour donner tort au demandeur Alexandre, le dernier survivant des quatre fils de Hérius *major*, montrent que ce jurisconsulte a fondé sa décision sur des points de fait et sur ce qu'il était impossible d'admettre, après quatre générations passées, un procès sur une affaire aussi ancienne, surtout quand la fille de Constant est morte impubère. Ils n'hésitent pas à déclarer que la Novelle ne contient aucune limitation à la durée du fidéicommis quand, disent-ils, il est avéré que Tribonien n'était pas insensible à l'argent que lui offraient les plaideurs. Cujas s'exprime ainsi sur la moralité de ce magistrat : « Et videtur hæc No- « vella ex earum numero esse, quas Harmenopulus « Tribonianum composuisse narrat, et obscure et am- « bigue pecunia corruptum, ut et Nov. 2 et 106, et re- « cantatæ pleræque. » (Cujas, ad Nov. 159, tom. 2, col. 1164. — Voy. Domat, *des lois civiles*, p. 527, en note.)

Des fidéicommis unilatéraux et réciproques.

Les premiers n'ont pas besoin d'être définis. Ce sont les plus communs, et ils sont unilatéraux en ce sens que le grevé est chargé de rendre à l'appelé, tandis que ce dernier n'est nullement tenu envers le fiduciaire,

Les fidéicommis réciproques, mutuels, sont ceux où deux personnes sont grevées mutuellement l'une envers l'autre. Bien que le nom de fidéicommis réciproque ne se lise nulle part dans le droit romain, plusieurs lois nous donnent des exemples de ces sortes de fidéicommis. La loi 16, Cod., *de pactis*, s'exprime ainsi : « Cum proponas filios testamento scriptos heredes, « rogatos esse ut, qui primus rebus humanis exime- « retur, alteri portionem hereditatis restitueret. » Voy. aussi la loi 77, § 13, Dig., *de leg*. 2°. Ce fidéicommis est réciproque, car les deux fils sont grevés l'un envers l'autre, et ce sera celui qui mourra le premier qui devra restituer à son frère la part qu'il a recueillie dans la succession paternelle (1).

Section IV.

Du fidéicommis *de eo quod supererit.*

Cette espèce de fidéicommis porte sa définition avec lui-même et a lieu toutes les fois que le grevé sera chargé de rendre ce qui restera des biens dont il a été gratifié.

On pourrait croire, au premier abord, que ce fidéicommis fut presque toujours illusoire pour l'appelé, puisqu'il semble que le grevé a pleine et entière liberté d'aliéner. Il n'en est pas cependant ainsi, et soit qu'on se place avant ou après Justinien, il existe une limite à cette faculté d'aliéner.

Avant Justinien, le grevé ne pouvait aliéner à titre de don, mais seulement à titre onéreux, et encore fallait-il que, dans ce dernier cas, l'aliénation fût nécessitée par des besoins réels. En un mot, la bonne foi devait servir de règle, et le substituant était censé l'avoir ainsi entendu (L. 54 ; — L. 58, § 8, Dig., *ad S. C. Trebel.*). « In totum diminuere potest, dit Cujas, alio-« quin inane esset fideicommissum. Lex ait posse di-« minuere bona fide et ex justa causa. »

Justinien, par la Novelle 108, chap. 1, voulut que le grevé laissât au substitué le quart des biens, de telle

(1) Bien que Ricard soutienne que le fidéicommis réciproque ne puisse s'induire sans une preuve formelle, nous pensons que c'est là une erreur. Les Romains admettent les fidéicommis et même les substitutions directes mutuelles sur simples conjectures (L. 64, Dig., *de leg.*, 2°), pourquoi vouloir formuler, à défaut de textes, une règle contraire applicable aux fidéicommis réciproques?

sorte que le pouvoir d'aliéner fût limité aux trois quarts ; mais quant à ces trois quarts, le grevé était libre d'en disposer comme bon lui semblait, et il n'y avait plus à considérer si l'aliénation avait été faite de bonne ou mauvaise foi. Le quart qui devait revenir au fidéicommissaire était en principe inaliénable dans les mains du fiduciaire ; cependant, dans deux cas exceptionnels, il était dérogé à cette règle. Le grevé pouvait en disposer pour cause de dot ou avantages nuptiaux, pourvu qu'il n'eût pas d'autres biens, et pour le rachat des captifs.

CHAPITRE III.

OUVERTURE DU FIDÉICOMMIS.

SECTION I.
Causes d'ouverture.

L'ouverture du fidéicommis varie suivant que le disposant a mis ou non une condition à sa libéralite. S'agit-il d'un fidéicommis pur, il s'ouvre à l'instant de la mort du testateur; il en est de même du fidéicommis à terme certain dans lequel le paiement est seul différé : « Purum est, quia non conditione, sed « mora suspenditur. » (L. 79, Dig., *de cond. et demonst.*) Voy. aussi la loi 21, Dig., *quando dies leg. vel fideic.* Tel était le droit ancien. Sous Auguste, la loi Papia Poppæa vint modifier cette législation ; voulant augmenter les chances de caducité, elle recula le *dies cedens* jusqu'au moment de l'ouverture du testament (Ulpien, *reg.*, § 31, *de legatis*); ce droit fut lui-même changé par Justinien, qui remit en vigueur l'ancien principe : « Primum hoc corrigentes et antiquum sta« tum renovantes, sancimus, omnes habere licentiam « a morte testatoris adire hereditatem : similique « modo legatorum, vel fideicommissorum pure vel in « diem certam relictorum diem a morte testatoris ce« dere. » (L. 1, § 1, Cod., *de cad. tollend.*)

S'il s'agit d'un fidéicommis conditionnel ou d'un fidéicommis *sub die incerto* (pourvu qu'il ne soit pas certain que l'événement arrivera du vivant du fidéicommissaire), l'ouverture a lieu seulement à l'époque de l'arrivée de la condition. (L. 5, § 2, Dig., *quando dies leg. vel fideic.*) C'est à partir de ce moment que le fidéicommissaire aura droit au bénéfice du fidéicommis; mais remarquons immédiatement une différence entre les fidéicommis conditionnels et les stipulations conditionnelles. Dans ces dernières, l'espérance du droit se transmet aux héritiers, tandis que le fidéicommissaire n'a qu'une espérance intransmissible, et il faut de toute nécessité qu'il survive à l'arrivée de la condition.

Nous trouvons au Digeste beaucoup d'exemples de fidéicommis qui ne peuvent s'ouvrir qu'à la mort du fiduciaire. (L. 75, § 1, Dig., *ad S. C. Trebel.* — L. 18, § 2, *de leg.* 3°.) C'est là, comme nous l'avons déjà dit, l'origine de nos anciennes substitutions fidéicommissaires où la condition de la mort du grevé se présumait facilement, et cela contrairement au droit romain où, dans le doute, le fidéicommis était réputé pur : « Sed si Titii fideicommissum non est in tempus mor« tis collatum, ait Marcellus confestim fideicommis« sum Titio dandum. »(L. 114, § 4, Dig., *de leg.* 1°.) (1) Dans ces fidéicommis, la cause la plus générale de leur ouverture sera le décès du grevé; cependant il peut y avoir d'autres événements qui peuvent avancer cette ouverture; nous voulons parler de la mort ci-

(1) Dans un cas cependant, un fidéicommis était de droit réputé conditionnel. Cela arrivait lorsqu'un ascendant, en instituant héritier un de ses enfants, l'avait grevé d'un fidéicommis universel au profit d'un tiers; la condition *si l'institué décède sans enfants* était supposée être insérée dans ce fidéicommis (L. 102, Dig., *de cond. et demonst.*). Justinien ordonna que cette décision, due à Papinien, serait observée dans tout fidéicommis fait par ascendant, quand même le descendant grevé n'aurait que des petits-enfants (L. 30, Cod., *de fideic.*). (Voy. Thévenot, ch. 16.)

vile, de la remise anticipée. Nous aurons ensuite à nous demander si l'abus de la part du grevé produit le même effet.

La mort civile, selon Ricard (des dispos. cond., ch. 5, n° 329), n'avait pas pour effet d'ouvrir le fidéicommis; il s'appuyait sur les lois 77, § 4, Dig., *de leg.* 2° (1) et 48, § 1, *de jure fisci*, qui parlaient : la première, de la déportation ; la seconde, d'une condamnation prononcée au profit du fisc, et qui décidaient que, dans ces deux hypothèses, le fidéicommissaire n'avait droit au fidéicommis que du jour de la mort du grevé qui avait subi ces condamnations. Ricard en concluait que le fidéicommis n'était pas ouvert par la mort civile. Cujas fait remarquer que la déportation ne produisait pas tous les effets de la mort civile, et que la loi 48 *de jure fisci* (invoquée par Ricard) supposait une condamnation n'emportant pas également la mort civile ; il ajoute que la *condemnatio in metallum* était la seule qui pouvait être comparée à la mort : « Damna- « tio in metallum morti comparatur semper », et il cite à l'appui de son assertion une loi qui ne laisse aucun doute ; c'est la loi 17, § 6, Dig., *ad S. C. Trebel* La condamnation *in metallum* est donc la seule qui ouvre le fidéicommis au profit du substitué.

Le grevé qui reçoit les biens du disposant, et qui peut devenir propriétaire incommutable par suite, soit de la non-arrivée de la condition, soit de la mort du fidéicommissaire, est libre de renoncer à ce bénéfice au profit de l'appelé, c'est ce qu'on appelle la remise anticipée. Cette renonciation ouvre définitive-

(1) La Glose sur cette loi 77 s'exprime ainsi : « Mortis naturalis « casus non trahitur ad mortem civilem ; vera mors est quæ cor- « poris et animi separationem continet.

ment le fidéicommis, et peu importe que le fidéicommissaire survive ou non à l'arrivée de la condition. La loi 12, Cod., *de fideic.*, et la loi 19, Dig., *quæ in fraud. credit.*, supposent une remise anticipée. Cette remise anticipée, qui est formellement prévue par les textes, ne peut d'ailleurs en aucun cas préjudicier aux appelés, de telle sorte qu'elle n'est pas possible si ces derniers ont intérêt à ce qu'elle ne soit pas faite. Ils peuvent avoir intérêt dans l'hypothèse suivante : Un testateur fait un fidéicommis au profit des fils non émancipés d'un tiers, et il est dit dans le testament que le fidéicommis s'ouvrira par la mort du grevé. Si le grevé veut faire une remise anticipée, le pourra-t-il ? Non, car les fils étant sous la puissance de leur père, il en résulterait que ce dernier acquerrait à leur place. Les enfants seraient donc victimes de cette remise anticipée. (L. 114, § 11, Dig., *de leg.* 1°. – L. 22, Dig., *ad S. C. Trebel.*) Bien entendu, le grevé pourrait faire l'abandon de ses biens à toute autre personne ; il en a le droit, puisqu'il est propriétaire ; mais le fidéicommissaire, le temps prescrit par le testateur étant échu, aura alors une action contre ceux qui se trouveront possesseurs des biens.

Les créanciers du grevé pourraient-ils se plaindre de l'abandon anticipé au profit des fidéicommissaires ? Non; la loi 19, Dig., *quæ in fraud. credit.* est formelle : « Patrem qui, non expectata morte sua fideicom-« missum hereditatis maternæ filio soluto potestate « restituit, omissa ratione Falcidiæ, plenam fidem ac « debitam pietatem secutus exhibitionis, respondi, « non creditores fraudasse. » Le fiduciaire, en faisant cet abandon, est censé avoir rempli plus complètement la volonté du disposant.

Nous avons déjà vu, en traitant des fidéicommis universels, une cause d'ouverture du fidéicommis conditionnel résultant de l'application du rescrit d'Antonin. C'est lorsque l'héritier inscrit est obligé, *jussu prætoris* et pour la validité du testament, de faire adition contre sa volonté. (L. 11, § 2, Dig., *ad S. C. Trebel.*) Dans cette hypothèse, l'ouverture est seulement provisoire.

Il nous reste à rechercher maintenant s'il peut y avoir restitution définitive pour cause d'abus de la part du grevé.

Le grevé est tenu de l'obligation de rendre au fidéicommissaire; rien de plus juste que ce dernier ait des garanties pour cette restitution. Ces garanties, comme nous le verrons bientôt, sont la caution, et, à défaut de caution, l'envoi en possession à titre de gage. En existe-t-il d'autres? La question a été controversée dans notre ancien droit. Ricard (ch. 10, n° 23) pensait que la restitution définitive pour cause d'abus de la part du grevé pouvait être ordonnée, et qu'on devait avoir recours à toutes sortes d'autres remèdes avant d'en venir à cette dépossession ; il s'appuyait sur la loi 50, Dig., *ad S. C. Trebel.* Cujas était d'un avis contraire, avis qui nous semble plus conforme à la vérité. La loi 50 prévoyait l'hypothèse d'une restitution définitive, mais dans une circonstance toute particulière. Il s'agissait d'un père qui, chargé de rendre à son fils, détériorait les biens grevés du fidéicommis ; comme la puissance paternelle s'oppose à la demande à fin de caution (le fils en puissance qui stipule acquiert pour son père) et que le fils n'a plus de garantie, l'empereur Adrien décide que le père restituera à son fils, *quia cautiones interponi non poterant.* Ainsi dans l'espèce prévue par cette loi 50, ce n'est que parce que la caution ne peut être donnée qu'on ordonne la restitution; donc, en règle générale, le fidéicommissaire n'a que le droit de demander la caution et subsidiairement l'envoi en possession.

Section II.

Effets de l'ouverture.

Tant que le fidéicommissaire n'a pas accepté le fidéicommis fait en sa faveur, la propriété réside sur la tête du grevé, qu'il s'agisse d'un fidéicommis pur, à terme ou conditionnel. Quand il s'agit d'un fidéicommis pur, un certain nombre de lois semblent contraires à cette solution : la loi 64, Dig., *de furtis* dit que la chose léguée passe *recta via* de la personne du testateur à celle du légataire; la conséquence qu'on peut en induire est que l'héritier n'est pas propriétaire intermédiaire; de même, la loi 44, § 1, Dig., *de leg.* 1°, en énonçant que, par la répudiation du légataire, l'héritier est censé devenir propriétaire rétroactivement, suppose qu'il ne l'était pas avant cette répudiation. (Voy. aussi la loi 80, Dig., *de leg.* 2°.) Mais Cujas donne le véritable sens de ces lois, et ce qu'elles veulent dire, c'est que, par l'acceptation du légataire, l'héritier est censé n'avoir jamais été propriétaire, que les droits qu'il aurait pu conférer sont résolus rétroactivement; en un mot, que la propriété est censée avoir passé au légataire directement sans être restée sur la tête de l'héritier. C'est une simple fiction, et il est certain qu'en fait l'héritier est propriétaire de la chose léguée tant que le légataire n'a pas accepté; la loi 116, § 4, Dig., *de leg* 1°

dit positivement que les servitudes que pouvait avoir l'héritier sur les biens légués sont éteintes par confusion. C'est donc qu'il est propriétaire.

Il en est de même dans le fidéicommis conditionnel tant que la condition n'est pas arrivée.

Le grevé, étant propriétaire, a pu faire des aliénations, donner les biens à bail. Nous avons à nous demander ce que deviennent ces actes de disposition lorsque le fidéicommis vient à s'ouvrir.

Le principe général est celui-ci : le grevé ne peut conférer à des tiers des droits plus grands que ceux qu'il a. Conséquence : lors de l'arrivée de la condition et en cas d'acceptation du fidéicommissaire, tous les droits seront résolus, et les tiers acquéreurs pourront être évincés. (L. 69, § 1, Dig., *de leg.* 1°.) Toutefois, relativement à l'éviction des tiers acquéreurs, cela n'est vrai qu'à partir de Justinien. Avant cet empereur, les tiers acquéreurs de bonne foi pouvaient repousser l'action des appelés qui n'avaient alors de recours que contre le grevé et pour le prix que ce dernier avait touché de la vente (L. 17, Dig., *de transact.* — L. 89, § 7, Dig., *de leg.* 2°) : « Rem fideicommissam si heres « vendiderit, eamque sciens comparaverit, nihilominus in possessionem ejus fideicommissarius mitti « jure desiderat. » (Paul, Sentent. Liv. IV, tit. I, § 15.) Depuis la constitution de Justinien (L. 3, Cod., *Com. de leg. et fideic.*), il n'y a plus à rechercher si le tiers acquéreur a été de bonne ou de mauvaise foi ; dans tous les cas, l'aliénation est résolue. Est-ce à dire que la question de bonne ou de mauvaise foi est indifférente? Non, et Justinien prend soin lui-même d'établir une différence : l'acheteur de mauvaise foi ne pourra répéter que le prix de vente : « Emptor autem

« sciens rei gravamen, adversus venditorem actionem « habeat tantum ad restitutionem pretii, neque du- « plæ stipulatione, neque melioratione locum ha- « bente », tandis que celui de bonne foi a, contre le grevé vendeur, son recours tant pour le prix de la vente que pour les améliorations qu'il a pu faire sur le bien vendu : « Bonæ fidei procul dubio emptoribus, « integra jura et nullo modo ex hac constitutione de- « minuta contra venditores habentibus. »

En principe, les aliénations sont donc considérées comme non avenues ; il existe cependant plusieurs exceptions à cette règle.

La première exception à l'inaliénabilité des biens compris dans le fidéicommis est fondée sur un motif d'équité. Le fidéicommis étant une libéralité, il est juste de faire passer les créanciers héréditaires avant les gratifiés, et comme il ne peut dépendre du débiteur de leur enlever le gage qu'ils avaient sur les biens, il en résulte qu'ils peuvent se faire payer sur les objets compris dans le fidéicommis. La vente a alors une cause valable, et les tiers acquéreurs deviendront propriétaires incommutables. (L. 15, Cod., *de leg.* — L. 78, §4, Dig., *de leg.* 2°.) Remarquons que le patrimoine entier du défunt étant le gage des créanciers héréditaires, ces derniers ne pourront s'attaquer aux biens compris dans le fidéicommis que dans le cas où les biens libres de la succession ne pourraient acquitter les dettes. (L. 38, *princ.*, Dig., *de leg.* 3°.)

Nous venons de voir une première exception, en voici une seconde. Les biens du fidéicommis peuvent être aliénés valablement pour cause de dot et avan tages nuptiaux. (L. 22, § 4, Dig., *ad S. C. Trebel.*) Jus tinien alla plus loin et permit l'aliénation pour cause de donation *propter nuptias;* il permit aussi d'hypothéquer pour les mêmes causes (Nov. 39, cap. I.) Cette deuxième exception était fondée sur un motif d'intérêt public, celui de permettre à la femme de se marier honorablement.

L'aliénation des biens est encore valable quand tous les appelés donnent leur consentement à la vente. (L. 120, § 1, Dig., *de leg.* 1°. — L. 11, Cod., *de fideic.*) Remarquons qu'il faut le consentement de tous les appelés, sinon la vente serait révocable à l'égard de ceux qui n'auraient pas consenti.

Lorsque les appelés ont donné leur consentement, ont-ils droit au prix de vente? Non, car en consentant à la vente, ils sont censés avoir renoncé au prix, à moins qu'ils ne se soient réservé ce droit. (L. 88, § 14, Dig., *de leg.* 2°.) La loi 92 *princ. de leg.* 1° semble bien contraire à cette solution en décidant que le fidéicommissaire peut demander au grevé, lors de l'ouverture du fidéicommis, la restitution du prix; mais cette loi vise une hypothèse tout à fait spéciale, celle d'une aliénation faite dans le but de payer des dettes héréditaires. Nous avons vu que dans ce cas l'aliénation était justifiée; dès lors il importe peu que le fidéicommissaire ait donné ou non son consentement. Bien entendu, le fidéicommissaire n'aura droit au prix de vente que *deducto œre alieno.*

Telles sont les trois exceptions au principe de l'inaliénabilité des biens compris dans le fidéicommis.

Nous en admettons une quatrième quand il s'agit d'un esclave affranchi *pendente conditione* par l'héritier grevé du fidéicommis. Les lois 11, Dig., *de manumis.* et 29, § 1, *qui et a quib. manum.* donnent une solution contraire en matière de legs : « Sub conditione « servus legatus, pendente conditione pleno jure he« redis est : sed nullam libertatem ab eo consequi po« test, ne legatario injuria fieret », et sont conformes aux principes généraux en matière de condition. Donc, si nous suivions ces principes, nous devrions décider de même lorsque l'esclave, au lieu d'être compris dans un legs, fait l'objet d'un fidéicommis. Cependant nous donnons une solution opposée, et nous invoquons la loi 25, § 2, Dig., *ad S. C. Trebel.* qui décide que, en cas d'affranchissement, les héritiers du *manumissor* devront rendre au fidéicommissaire le prix de l'esclave affranchi. Cette différence entre les legs et les fidéicommis peut se comprendre aisément, parce que les règles relatives aux legs sont de rigueur, tandis que dans les fidéicommis on écoute plutôt l'équité que la rigueur du droit. Nous pouvons en outre ajouter que l'opinion contraire conduit à une conséquence trop rigoureuse ; car si l'esclave ne peut être affranchi pendant la condition, il sera le plus souvent privé, durant sa vie, de l'espoir d'obtenir la liberté, ce qui entraînera pour lui une condition plus mauvaise et plus dure. Cette décision ne s'applique que dans l'hypothèse d'un fidéicommis conditionnel (il n'est pas supposable que Justinien ait voulu changer le droit qui existait avant lui), et non dans celle d'un fidéicommis pur et à terme ; dans ce dernier cas, l'esclave ne pourrait être affranchi, et, si l'affranchissement avait eu lieu, il serait considéré comme non avenu. (L. 3. § 2, Cod., *com. de leg. et fideic.*)

Tant que la condition n'est pas arrivée, le grevé est propriétaire ; mais comme il peut, si la condition se réalise, être tenu de rendre au fidéicommissaire, il doit administrer en bon père de famille (L. 22, § 3, Dig., *ad S. C. Trebel.*). Comme conséquence de cette administration, il peut faire des paiements, en recevoir; il est aussi chargé de faire les réparations d'entretien (L. 7, § 2, Dig., *de usufruct.*); quant aux grosses réparations, il n'est point obligé de les faire et, s'il les a faites, il pourra en répéter le montant lors de la restitution des biens. (L. 58, Dig., *de leg.* 1°.) Il peut aussi donner les biens à bail, mais le bail qu'il aura consenti ne sera pas opposable au fidéicommissaire, car le grevé n'administre pas pour le compte de l'appelé; or, le principe est qu'un légataire n'est même pas obligé de souffrir le bail conclu par le testateur (L. 32, Dig., *loc. conducti*); il en est à plus forte raison de même quand le bail est fait par le grevé de qui l'appelé ne reçoit point la propriété des biens. (L. 120, § 2, Dig., *de leg.* 1°.—Voy. toutefois la loi 25, § 4, Dig., *solut. matrim.*)

Nous venons de voir que le grevé doit administrer les biens en bon père de famille. *Quid*, s'il les a détériorés? Il sera responsable des dégradations vis-à-vis du fidéicommissaire. Mais comme le recours de ce dernier pourrait être illusoire par suite de la non solvabilité du grevé, le préteur donna au fidéicommissaire une action conservatoire qui est la caution. C'est l'application des principes généraux que, en matière de legs à terme ou conditionnel, le légataire, en attendant l'échéance du terme ou de la condition, a le droit de se faire donner caution par l'héritier. Cette règle est développée au Digeste dans le livre XXXVI, titre III. Si le grevé refuse de fournir au légataire ou au fidéicommissaire la garantie à laquelle celui-ci a droit, le légataire pourra obtenir du préteur l'envoi en possession des biens. Cet envoi en possession cessera lorsque l'héritier sera prêt à fournir la caution. (L. 6, § 1, Dig., *ut in pos. leg.*)

Lorsque la condition est arrivée, le fidéicommissaire qui accepte le fidéicommis, a action contre l'héritier pour se faire restituer les biens. Nous avons à nous demander quelles sont les actions qui sanctionnent le droit de l'appelé. La réponse varie suivant qu'on se place avant ou après Justinien. Avant cet empereur, le fidéicommissaire n'avait qu'une seule action, l'action personnelle contre le grevé ; il n'avait pas de plein droit l'action en revendication ; car la propriété ne lui était transmise que par la délivrance du fidéicommis. Cependant, lorsqu'il s'agissait d'un fidéicommis universel, la restitution s'opérait par le simple accord des volontés, et n'exigeait pas même la remise effective des objets aux mains du fidéicommissaire : « Facta in fideicommissarium restitutione, statim omnes res in bonis fiunt ejus cui restituta est hereditas, etsi nondum earum nactus fuerit possessionem. » (L. 63, *princ.*, Dig., *ad S. C. Trebel.*)

Justinien donna à tous les légataires et fidéicommissaires l'action en revendication et l'action hypothécaire ; ainsi, plus d'action personnelle. Quant à l'action hypothécaire, il résulte de la loi 1, Cod., *com. de leg. et fideic.* qu'elle ne pouvait être intentée que sur les biens faisant l'objet du fidéicommis : « Et hypothecam esse, non ipsius heredis, vel alterius personæ quæ gravata est fideicommisso, rerum, sed tantummodo earum quæ a testatore ad eum pervenerint. »

Malgré l'innovation de Justinien, il reste toujours une hypothèse régie par l'ancien droit. C'est lorsque le testateur a donné par fidéicommis une *res aliena ;* par la force même des choses, l'effet de ce fidéicommis se borne à constituer une obligation au profit du fidéicommissaire.

Par l'action *in rem*, le fidéicommissaire demande la restitution des biens qui lui sont laissés. Que doit comprendre cette restitution ? D'abord, tous les biens grevés du fidéicommis, déduction faite de la quarte et des créances que le grevé pouvait avoir contre le disposant ; ensuite, les fruits, si telle a été la volonté du testateur. En principe donc, les fruits sont valablement acquis au grevé qui en reste propriétaire : « Quoties quis rogatur hereditatem restituere, id videtur « rogatus reddere, quod fuit hereditatis : fructus autem non hereditati : sed ipsis rebus accepto ferun« tur. » L. 18, § 2, Dig., *ad S. C. Trebel.* — L. 83, Dig., *de leg.* 3°.)

Il nous reste à examiner à partir de quel moment le fidéicommissaire a droit aux fruits. Cujas (*ad leg.* 42, *de usur. et fruct.*) fait une distinction suivant que le fidéicommissaire a ou n'a pas encore acquis la propriété.

Dans la première hypothèse, il lui attribue les fruits dès le moment de l'acquisition de la propriété ; dans la seconde, il ne les lui attribue que du jour où il a mis en demeure le grevé. Cette distinction ne doit pas être admise, car un grand nombre de lois portent que les fruits ne sont dus au fidéicommissaire qu'après la mise en demeure du grevé ; nous pouvons citer les lois 26, Dig., *de leg.* 3° ; 18, Dig., *ad S. C. Trebel.* ; 8, *de usur. et fruct.* ; et surtout la loi 4, Cod., Liv. VI, 47, qui suppose le cas où le fidéicommissaire est devenu propriétaire, et qui décide cependant que la mise en demeure est nécessaire pour que le fidéicommissaire ait droit aux fruits : « In legatis et fideicommissis « fructus post litis contestationem, nod ex die mortis « consequuntur, sive in rem, sive in personam « agatur. »

CHAPITRE IV.

EXTINCTION DES FIDÉICOMMIS.

Les fidéicommis peuvent s'éteindre par plusieurs causes venant soit du disposant, soit du fiduciaire, soit enfin du fidéicommissaire. Étudions séparément ces différentes hypothèses.

Lorsque le fidéicommis est fait par testament ou donation à cause de mort, il peut être révoqué comme les actes qui le contiennent. Jusqu'à sa mort, en effet, le testateur reste libre de changer sa volonté, et n'est nullement lié par les dispositions qu'il a pu faire. Ce changement de volonté, quand il s'agit de fidéicommis, peut être exprimé dans un nouveau testament, ou dans un codicille confirmé ou non par ce testament ; la révocation peut même résulter de la simple intention du disposant, pourvu que cette intention soit constante, et sans qu'il soit besoin d'observer aucune forme (L. 18, Dig., *de leg.* 3°) : « Non solum autem legata, sed et fideicommissa adimi possunt : et quidem nuda voluntate. » (L. 3, § 11, Dig., [34-4].) Seulement il y a une différence à faire entre ces deux espèces de révocations. Quand le testateur a révoqué le fidéicommis par un codicille ou un nouveau testament, la révocation opère *ipso jure ;* tandis que s'il a manifesté autrement sa volonté, le fidéicommis subsiste, mais le fidéicommissaire qui en demande la restitution peut être repoussé par l'héritier au moyen de l'exception de dol. (L. 15, Dig., *de adim. vel.*) La loi 3, § 11 ci-dessus, presume chez le testateur la volonté de révoquer, lorsque l'héritier établit que, depuis le testament, une inimitié grave est survenue entre le testateur et le fidéicommissaire : « Unde quæritur, an etiam « inimicitiis interpositis fideicommissum non debea-« tur ? Et si quidem capitales vel gravissimæ inimici-« tiæ intercesserint, ademptum videri, quod relictum « est. »

La validité des legs et des fidéicommis compris dans un testament est soumise à la condition de l'adition de l'hérédité, et le défaut d'adition faisait que le testament était nul en entier : « Si nemo adierit heredi-« tatem, nihil valet ex his quæ testamento scripta « sunt. » (L. 9, Dig. (26-2). Trois exceptions cependant faisaient cesser cette règle rigoureuse : la première était relative aux fidéicommis de liberté (L. 42, Dig., 40-5) (1) ; la seconde était admise lorsque le testament avait été fait par un militaire (L. 13, § 4. — L. 14, Dig., *de Testam. milit.*) ; enfin, la troisième avait lieu dans le cas où l'héritier institué renonçait à l'institution pour venir comme héritier *ab intestat* et se dispenser, de cette manière, du paiement des charges (L. 1, Dig., *Si quis omis. causa testam.*).

Hors ces trois hypothèses exceptionnelles, les legs et les fidéicommis étaient considérés comme non avenus.

Nous avons vu que, pour porter remède à cet in-

(1) Au Code, nous trouvons cependant une loi qui dit positivement que le legs de la liberté est nul lorsque l'héritier ne fait pas adition : « Si vero jure facto testamento : cessante herede scripto « alter ab intestato adiit hereditatem, neque libertates, neque le-« gata ex testamento posse præstari, manifestum est. » (L. 2, Cod. 6-39.)

convénient, le sénatus-consulte Pégasien permit au fidéicommissaire universel de forcer l'héritier à faire adition *jussu prætoris*, ce qui amenait comme conséquence de faire valoir les dispositions qui étaient contenues dans le testament.

De son côté, le testateur pouvait arriver au même résultat, en insérant dans les dernières dispositions la *clause codicillaire*. Par cette clause, il exprimait sa volonté que si son testament se trouvait nul par une cause quelconque, il entendait que les dispositions y contenues fussent à la charge de ses héritiers *ab intestat* (L. 8, § 1, Cod., *de codicil.*).

Ainsi, en principe, la ruine du testament entraînait la nullité de toutes les dispositions qui y étaient contenues.

Jusqu'à présent, nous avons supposé que l'héritier institué n'avait pas fait adition, et nous avons vu que la conséquence de ce défaut d'adition entraînait la déchéance du testament. Examinons maintenant ce que devient le fidéicommis lorsque le testament contient une substitution vulgaire, c'est-à-dire une seconde institution. La législation romaine a varié, et, à l'origine, quand la personne chargée de rendre ne recueillait pas la disposition faite en sa faveur, le substitué n'était pas tenu de l'obligation du fidéicommis (L. 29, § 2, Dig., *de leg.* 2°). Dans la suite, on reconnut que ce résultat n'était pas conforme à la volonté du testateur, et un rescrit des empereurs Sévère et Antonin décida que la charge du fidéicommis était censée répétée à l'égard du substitué vulgaire, à moins que le disposant n'ait manifesté l'intention contraire (L. 74, Dig., *de leg.* 1°).

Peu à peu, on étendit l'application de ce rescrit, et

on arriva à établir, comme règle génerale, que la charge du fidéicommis péserait sur celui qui profiterait des biens. Ceci résulte de la loi 61, § 1, Dig., *de Leg.* 2°. Voici l'hypothèse prévue par le jurisconsulte Ulpien : un testateur avait deux héritiers légitimes, et, par codicille, il avait grevé l'un d'eux de fidéicommis. Celui dont la part était ainsi surchargée renonce à la succession. Son cohéritier sera-t-il tenu du fidéicommis? Non, dit Julien, « portionem enim ad coheredem sine onere pertinere. » Mais, ajoute Ulpien, depuis le rescrit de Sévère, qui a voulu que le substitué vulgaire fût chargé des fidéicommis laissés à la charge de l'institué, on doit donner une autre solution, et l'héritier légitime, qui prend par voie d'accroissement la part de son cohéritier, la prendra *cum onere* et comme s'il lui était substitué : « Sed post rescriptum Severi, quo fideicommissa ab instituto relicta, a substitutis debentur, et hic quasi substitutus « cum suo onere consequetur adcrescentem portionem.»

D'un autre côté, voici ce que décide une autre loi due au même jurisconsulte Ulpien (L. 1, § 9, Dig., *de leg.* 3°) : un homme meurt *intestat*, laissant un fidéicommis à la charge de son héritier légitime; ce dernier répudie. *Quid* du fidéicommis? Ulpien répond : « Sequentem gradum fideicommissum non debere : et « ita imperator noster rescripsit. »

Ces deux lois prévoyant la même hypothèse sont donc contradictoires. Comment les concilier?

Le moyen le plus commode est de supprimer dans la dernière ce qui est contraire à la première (la négation), et alors les deux lois seront en parfaite concordance; c'est le système employé par les Glossateurs et Ant. Faber. Assurément, cette manière de procéder est fort simple et débarrasse l'esprit d'un travail quelquefois difficile, mais elle ne doit être employée qu'à la dernière extrémité, c'est-à-dire, quand il est reconnu que la conciliation est impossible. Ici, tel n'est pas le cas, et nous pensons pouvoir donner une explication satisfaisante de ces deux lois en les rapprochant de la loi 3, *princ.*, Dig., *de jure codicil.* Cette loi, attribuée à Julien, prévoit l'hypothèse suivante : un testateur meurt *intestat*, et, dans un codicille, exprime le désir que le fidéicommis soit exécuté par quiconque arrivera à son hérédité : « Quisquis « mihi heres erit bonorumve possessor, ejus fidei com- « mitto. » Julien répond que la volonté du testateur doit être suivie et que le fidéicommis sera dû par l'héritier quelconque (du premier ou du deuxième degré) qui arrivera à la succession. De ce texte, nous concluons que toutes les fois que le fidéicommis sera adressé aux héritiers en général, la charge du fidéicommis passera à celui qui recueillera l'hérédité. C'est à cette hypothèse que se rapportent la loi 61, § 1, et le rescrit d'Antonin.

Au contraire, quand il s'agira d'un fidéicommis infligé nominativement à l'héritier, nous déciderons, comme Ulpien le fait dans la loi 1, § 9, qu'en cas de répudiation, l'héritier du degré subséquent n'en sera nullement chargé, même après le rescrit de Sévère.

Cette interprétation nous paraît conforme aux termes mêmes du rescrit, où il est dit que ce rescrit ne s'appliquera qu'autant que le testateur n'aura pas manifesté une opinion contraire : « Si non fuit evidens « diversa voluntas. » Or, pour nous, quand le fidéicommis est à la charge de l'hértier appelé nominativement, il est manifeste que le disposant a eu l'intention que cet héritier fût le seul grevé du fidéicommis(1).

Nous avons étudié l'extinction du fidéicommis par suite de faits provenant du disposant et de l'héritier grevé. Il nous reste à rechercher de quelles manières le fidéicommissaire peut lui-même faire évanouir le fidéicommis.

Le fidéicommissaire doit être capable de recevoir à l'époque de la mort du testateur, s'il s'agit d'un fidéicommis à terme, à celle de l'arrivée de la condition, si le fidéicommis est conditionnel. Si donc, il n'est ni capable ni vivant, à cette époque, le fidéicommis s'éteindra en faveur du grevé. (V. L. 49, § 2, Dig., *de leg.* 1°. — L. 6, § 2, Dig., *ad S. C. Trebel.*)

De ce qu'il est nécessaire que le fidéicommissaire soit capable au moment de l'ouverture, il ne faut pas en conclure que le fidéicommis doive être exécuté. Non, il faut en plus l'acceptation du fidéicommissaire. *Quid*, s'il renonce? La règle générale qu'il faut poser est celle-ci : la répudiation, pour être faite valablement, doit intervenir dans les mêmes conditions que celles qui rendent l'acceptation valable : « Is potest « repudiare qui et adquirere potest.» (L. 18, Dig., 29-2.) Conséquences :

1° La renonciation est valable quand elle est faite après l'ouverture du fidéicommis, et si le fidéicommissaire voulait revenir sur la renonciation, il serait repoussé par l'exception de dol (L. 26, Cod., *de fideic.*).

2° Elle est nulle lorsqu'elle a lieu avant l'ouverture

(1) Le principe que la charge du fidéicommis passe à ceux qui profitent des biens à la place du grevé, s'applique même lorsque les biens sont attribués au fisc : « Quotiens lege Julia bona va-« cantia ad fiscum pertinent, et legata et fideicommissa præstan-« tur, quæ præstare cogeretur heres, a quo relicta erant. » (L. 96, § 1, Dig., *de leg.* 1°.)

du fidéicommis (L. 13, *princ.*, Dig., 29-2. — L. 45, § 1, Dig., *de leg.* 2°), car il est impossible de renoncer par avance à un droit qui n'est pas encore né. Cependant, cette renonciation produisait effet lorsqu'elle résultait d'un pacte (L. 16, Cod., *de pactis*.—L. 11, Cod., *de transact.*), et le fidéicommissaire qui aurait voulu, après sa renonciation, revenir sur sa détermination, aurait été repoussé par l'exception *pacti conventi.*

Quant aux formes de la renonciation, il n'en est exigé aucune; pour qu'elle puisse être opposée au fidéicommissaire, il faut seulement que l'intention de renoncer soit évidente, et des probabilités ne seraient pas suffisantes (L. 34, § 2, Dig., *de leg.* 2°). — Voyez toutefois la loi 26, Dig., *de probat.*, qui, dans une espèce particulière, a décidé que, par des conjectures, on pouvait induire une renonciation.

Les fidéicommis s'éteignent aussi par la perte des choses qui en font l'objet, pourvu qu'il n'y ait pas faute de la part du grevé : « Sed enim si quis rogetur « restituere hereditatem, et vel servi decesserint, vel « aliæ res perierint : placet non cogi eum reddere, quod « non habet : culpæ plane reddere rationem ; sed ejus « quæ dolo proxima est ; et ita Neratius, lib. I, Res- « ponsorum scribit. » (L 22, § 3, Dig., *ad S. C. Trebel.*)

Enfin, si le fidéicommis est fait sous condition suspensive, « si navis ex Asia venerit, » la non arrivée de la condition y mettra fin. De même, si un terme a été apposé à la durée du fidéicommis, l'arrivée de ce terme en produira l'extinction.

DROIT CIVIL FRANÇAIS

DES SUBSTITUTIONS

> Les substitutions deviendraient un champ immense et sans bornes si l'on prétendait parcourir toutes les espèces qui peuvent s'y rencontrer. C'est à la déduction claire et lumineuse des règles principales qu'il faut diriger principalement ses efforts. (Thévenot d'Essaule, *Traité des substitutions*, préface.)

HISTORIQUE.

Pour trouver l'origine de la substitution fidéicommissaire, il nous faut remonter à la législation romaine.

Les fidéicommis avaient eu pour but d'éluder les prohibitions de recevoir édictées par le droit civil et de permettre à des citoyens, qui ne pouvaient tester, de faire passer leur fortune à telle personne qu'ils voulaient favoriser. Les héritiers étaient chargés de restituer les biens fidéicommissés, et cette restitution qui était d'abord livrée à la conscience plus ou moins loyale du grevé fut, à l'époque d'Auguste, rendue obligatoire. Fort simples à l'origine, la remise des biens devant se faire immédiatement, les fidéicommis se compliquèrent dans la suite. L'héritier grevé fut autorisé par l'usage à garder la chose pendant un certain temps, même jusqu'à sa mort (1), et on alla jusqu'à appeler, non-seulement plusieurs personnes les unes après les autres, mais plusieurs degrés et plusieurs suites de générations, de telle sorte que les fidéicommis devinrent perpétuels, et qu'ils duraient autant qu'il se trouvait de sujets appelés pour les recueillir. C'est là l'origine de la substitution fidéicommissaire.

Ces fidéicommis perpétuels, par lesquels les Romains réglaient la transmission de leurs biens dans les générations futures, changèrent de nom et furent acceptés en France par un tout autre motif, celui de favoriser l'inégalité des partages et les priviléges d'aînesse, et de masculinité; ils furent dès lors intimement liés au régime féodal, et permirent de perpétuer l'éclat des grandes fortunes et l'illustration des grands noms. C'est ce qui explique la grande faveur avec laquelle ils furent reçus.

Toutefois, certaines coutumes avaient porté atteinte à la liberté de tester; on peut en compter jusqu'à dix, savoir : Bourbonnais, la Marche, Auvergne, Sedan, Montargis, Bassigny, Nivernais, Bretagne, Normandie et Hainaut.

Justinien, dans sa Novelle 159, avait jugé, dans une espèce particulière où la perpétuité du fidéicommis n'était pas clairement marquée, que les fidéicom-

(1) L. 75, § 1, Dig., *ad S. C. Trebel.*— L. 8, § 2, Dig. *de leg.*, 3°

mis ne pouvaient s'étendre au delà de quatre degrés, et, de ce texte, qui ne vise qu'un cas spécial, des auteurs avaient conclu que l'Empereur avait réduit tous les fidéicommis à quatre degrés. Cette solution était vivement controversée, et Dumoulin pensait au contraire qu'il n'y avait aucune limite à leur perpétuité.

Quoi qu'il en soit de cette controverse qui dura jusqu'au XVIe siècle, l'ordonnance d'Orléans de 1560 vint limiter les substitutions à deux degrés de restitution, l'institution non comprise. L'art. 59 de cette ordonnance est ainsi conçu : « Et pour couper la racine à plusieurs procès qui se meuvent en matière de substitutions, défendons à tous juges d'avoir aucun égard aux substitutions qui se feront à l'avenir par testament et ordonnance de dernière volonté, ou entre-vifs, et par contrat de mariage, ou autres quelconques, outre et plus avant deux degrés de substitutions, outre l'institution et première disposition, icelle non comprise. »

Comme cette ordonnance n'avait nullement parlé des substitutions antérieures à 1560, on prétendit que ces dernières restaient soumises au droit romain et qu'elles pouvaient être perpétuelles. L'ordonnance de Moulins, de 1566, vint combler cette lacune dans son article 57 : « Et ampliant l'article de nos ordonnances faites à Orléans pour le fait des substitutions, voulant ôter plusieurs difficultés mues sur les dites substitutions auparavant faites, desquelles, toutefois, le droit n'est encore échu ni acquis à aucune personne vivante, avons dit, déclaré et ordonné, que toutes les substitutions faites auparavant de notre ordonnance d'Orléans, en quelque disposition que ce soit, par contrat entre-vifs ou de dernière volonté, et sous quelques paroles qu'elles soient conçues, seront restreintes au quatrième degré, outre l'institution (excepté toutefois les substitutions desquelles le droit est échu et déjà acquis aux personnes vivantes, auxquelles n'entendons préjudicier). »

Ces deux ordonnances n'avaient pas expliqué en quelle forme on devait compter les degrés de substitutions, et le désaccord régnait entre les divers parlements, les uns les comptant par têtes, les autres par souches et générations. L'ordonnance de 1629, art. 124, fit cesser cette divergence en ordonnant que les degrés fussent comptés par têtes.

L'ordonnance de Moulins n'avait pas dérogé à celle d'Orléans et ne s'occupait que des substitutions antérieures à cette dernière. Toutefois, le Parlement de Toulouse qui avait pensé que le lustre et l'éclat des maisons ne pouvaient être soutenus et conservés que par l'étendue et la durée des substitutions, avait cru que l'ordonnance de Moulins avait prorogé toutes les substitutions jusqu'à quatre degrés. C'était là une fausse interprétation. (V. Furgole. Com. sur l'art. 30, ordonnance de 1747.)

Enfin, la dernière ordonnance et la plus célèbre fut celle de 1747. Elle est due au chancelier d'Aguesseau. L'art. 30 de cette ordonnance reproduit l'art. 59 de l'ordonnance d'Orléans, et en conséquence toutes les substitutions ne pourront s'étendre au delà de deux degrés de substitutions, non compris l'institution. Quant aux substitutions antérieures, elles restent soumises à l'art. 57 de l'ordonnance de Moulins. L'art. 33 décide aussi que, conformément à l'art. 124 de l'ordonnance de 1629, les degrés de substitutions seront comptés par têtes et non par souches et générations.

Tel était l'état de la législation jusqu'à la Révolution.

Avant cette époque, on avait déjà beaucoup écrit sur les substitutions, et on avait agité la question de savoir si elles sont favorables ou défavorables (1). Montesquieu (*Esp. des lois.*, liv. V, ch. 9) semble les défendre lorsqu'il dit que : « les substitutions sont utiles dans le gouvernement monarchique, quoiqu'elles ne conviennent pas dans les autres; que bien qu'elles gênent le commerce, ce sont des inconvénients particuliers à la noblesse, qui disparaissent devant l'utilité générale qu'elles procurent. » Mais, d'un autre côté, ne semble-t-il pas se contredire en écrivant : « Pour qu'un prince soit puissant, il faut que les sujets nagent dans les délices. » (*Lettres persanes*; lettre 106). Or, les délices de luxe n'ont jamais été plus grandes que lorsque la monarchie a vu le commerce, l'industrie, la propriété débarrassés de l'entrave des substitutions (Troplong).

Coquille, sur les coutumes du Nivernais, adressait de graves reproches aux substitutions et avait vu avec plaisir l'ordonnance de Moulins limiter la restitution au quatrième degré : « ce qui a été ordonné, dit-il, avec grande raison; l'une afin que les hommes ne se parforçâssent tant à éterniser leurs maisons, que Dieu aussi bien ne laisse pas de ruiner, quand les biens sont mal acquis; c'est proprement bénéfice de Dieu, que la durée des maisons plutôt que la prudence des hommes. L'autre raison à ce que la propriété des choses ne demeure à toujours incertaine ou en suspens; car celuy qui a une chevance substituée

Alciat. Menochius. Fusarius.

n'est pas maître et seigneur de son bien : et l'autre raison est à ce que les créanciers ou gendres ne soient fraudez quand ils voyent un père de famille jouïssant de grands biens venus de ses père et ayeul, ne sçavent pas ces substitutions, l'évènement desquelles fait quelquefois l'hérédité coquine de celuy qu'on pensait être bien riche. » (Cout. du Nivernais, ch. 33, art. 10.)

De même d'Aguesseau aurait bien voulu supprimer les substitutions (1), mais il recula devant une réforme aussi radicale et se borna à protéger les tiers qui contracteraient avec le grevé. Il exigea la publication et l'enregistrement de la substitution, et comme sanction, le grevé ne pouvait : 1° se mettre en possession des biens substitués (art. 35, tit. 2) ; 2° opposer aux appelés, lui et ses ayants cause à titre gratuit le défaut de publicité (art. 34).

Les substitutions, étant liées au régime féodal, favorisant l'aîné des enfants à l'exclusion des autres, il était facile de prévoir le sort que leur réservait la législation intermédiaire. Elles furent abolies par la loi du 14 novembre 1792, qui est ainsi conçue :

« Art. 1. Toutes les substitutions sont interdites et prohibées à l'avenir.

« Art. 2. Les substitutions faites avant la publication du présent décret, par quelques actes que ce soit,

(1) Voici la lettre qu'il écrivait au président du Parlement d'Aix le 24 juin 1730 : « L'abrogation entière de tous fidéicommis serait peut-être la meilleure de toutes les lois, et il pourrait y avoir des voies plus simples pour conserver dans les grandes maisons ce qui suffirait à en soutenir l'éclat ; mais j'ai peur que pour y parvenir, surtout dans les pays de droit écrit, il ne fallût commencer par réformer les têtes et ce serait l'entreprise d'une tête qui aurait elle-même besoin de réformes. »

qui ne seront pas ouvertes à l'époque de la dite publication, sont et demeurent abolies et sans effet.

« Art. 3. Les substitutions ouvertes lors de la publication du présent décret n'auront d'effet qu'en faveur de ceux seulement qui auront alors recueilli les biens substitués, ou le droit de les recueillir. »

Nous ne voulons pas examiner les difficultés que soulèvent les art. 2 et 3 relativement aux substitutions antérieures; remarquons seulement, qu'en rendant les biens libres dans les mains de ceux qui les possédaient, cette loi de 1792 n'atteignait aucunement le grevé auquel elle laissait le bénéfice de la disposition, qu'il s'agisse soit de substitutions à venir, soit de substitutions antérieurement faites (Comp. art. 896. V. Merlin, Rép. *subst. fidéic.*, sect. 1, § 13, n. 3, 4, 5).

Le Code civil maintint la prohibition des substitutions, et M. Bigot Préameneu, dans l'exposé des motifs, a mis en relief, d'une façon très-saisissante, les graves inconvénients qui résultaient des substitutions fidéicommissaires.

Ces inconvénients peuvent se résumer en quatre points principaux ; nous en ajouterons un cinquième :

1° Les substitutions donnaient à chaque citoyen la faculté d'établir un ordre de succession perpétuel et particulier à chaque famille, et même un ordre particulier à chaque propriété qui était l'objet des substitutions. Il en résultait que chaque citoyen, devenu législateur, réglementait comme il l'entendait l'état et la condition de sa famille. Un droit aussi exorbitant était trop directement contraire à l'ordre public pour être conservé.

2° Les substitutions ne conservaient des biens dans

une famille qu'en sacrifiant tous ses membres pour réserver à un seul l'éclat de la fortune. Elles détruisaient la famille en introduisant entre les enfants d'un même père des germes toujours renaissants de discorde et de procès. *De discorde :* quoi de plus naturel qu'un sentiment de haine contre celui qui possède ce qu'on devrait posséder en commun ! *De procès;* car les parents pressés par le besoin n'avaient de ressources que dans les contestations qu'ils élevaient, soit sur l'interprétation de la volonté du testateur, soit sur la composition du patrimoine, soit sur la part des biens qu'ils pouvaient distraire des biens substitués, soit enfin sur l'omission ou l'irrégularité des formes exigées.

3° Elles étaient contraires au principe d'égalité qui est la base de notre constitution politique.

4° Elles entravaient la circulation et l'amélioration des biens, en même temps qu'elles portaient atteinte au crédit public. Chaque grevé de restitution avait un intérêt contraire à toute amélioration, et ses efforts tendaient à multiplier et à anticiper les produits qu'il pouvait retirer des biens substitués au préjudice de ceux qui seraient appelés après lui et qui chercheraient, à leur tour, une indemnité dans de nouvelles dégradations. De même, le grevé ne pouvait constituer sur ces biens que des droits résolubles, et dès lors personne ne tenait à contracter avec lui. Qui serait assez fou, ou au moins assez confiant dans la probité de son semblable pour lui faire un prêt d'argent, quand la seule garantie possible peut n'être qu'une hypothèque révocable ! De là, une diminution de revenus pour l'Etat qui n'a plus de droits à percevoir; de là aussi un obstacle à la prospérité du commerce. Le grevé, industriel intelligent, voudrait faire de grandes entreprises, le pourra-t-il ? non, car il ne trouvera pas de capitaux sans donner de bonnes garanties. — De plus, les substitutions, tout en conservant les biens, ne conservaient pas le crédit et n'empêchaient pas les propriétaires de biens substitués de se perdre de dettes, et de se perdre d'honneur en ne les payant pas (1). Voltaire raconte qu'un chapelier présentant sa requête à un duc et pair pour être payé de ses fournitures, celui-ci lui dit : « Est-ce que vous n'avez rien reçu, mon ami, sur votre partie? Je vous demande pardon, Monseigneur, j'ai reçu un soufflet de monsieur votre intendant. »

Quant aux tiers qui avaient contracté avec le grevé dans l'ignorance du fidéicommis, ils étaient souvent victimes de leur bonne foi. « Une grande dépense, dit M. Bigot-Préameneu, faisait présumer de grandes richesses ; le créancier qui n'était pas à portée de vérifier les titres de propriété de son débiteur, ou qui négligeait de faire cette perquisition, était victime de sa confiance ; et dans les familles auxquelles les substitutions conservaient les plus grandes masses de fortune, chaque génération était le plus souvent marquée par une honteuse faillite. » (Locré, tome XI, p. 359 et suiv.)

Ce sont ces motifs qui ont déterminé le législateur à confirmer l'abolition des substitutions déjà prononcée par la loi de 1792. On pourrait peut-être en ajouter un autre tenant à l'état politique de la France à cette époque. L'abolition des substitutions ne fournissait-elle pas aussi le moyen d'anéantir l'influence

(1) V. Troplong.

des anciennes familles, et des grands propriétaires qui ne se montraient pas sincèrement attachés au nouveau gouvernement? (Demol.).

5° Enfin, les substitutions sont pour les générations futures la négation de la liberté de tester. « La loi qui défend les substitutions est-elle donc une atteinte à la liberté individuelle? non! elle la protège, au contraire, et l'assure. Que serait-ce, en effet, que cette liberté qu'on revendique pour le père, si ce n'est la servitude pour sa postérité ou pour une série indéfinie de successeurs? En même temps qu'il ferait propriétaires les représentants qu'il se donnerait, il les déshériterait de l'attribut le plus essentiel de la propriété, du droit de disposer. Or, quelqu'un admettra-t-il que la liberté des générations futures puisse être ainsi détruite au profit des caprices et de la vanité de la génération présente? » (M. Bertauld, *Rev. prat.*, tome XII, p. 468).

Le Code, en principe, a donc bien fait de prohiber les substitutions; toutefois, dans une circonstance exceptionnelle, il admet une exception (V. les art. 1048 et suiv.). Cette exception, nous l'étudierons dans la seconde partie de notre thèse.

Nous sommes aujourd'hui revenus sous l'empire du Code de 1804, mais il n'est pas sans intérêt de mettre en relief les diverses lois qui, depuis cette époque, ont été rendues sur la matière. Toutes ces lois sont venues à la suite de changements de gouvernements, c'est assez dire que les substitutions se rattachent au droit public, et qu'elles subissent toutes les variations que subit la constitution politique d'un pays.

Deux exceptions ont été introduites à l'art. 896; l'une en 1806, l'autre en 1826.

Dès 1806, l'empereur Napoléon introduisit dans la loi la pratique des majorats, et on ajouta alors un troisième alinéa à l'art. 896 : « Néanmoins, les biens libres formant la dotation d'un titre héréditaire, que l'Empereur aurait érigé en faveur d'un prince ou d'un chef de famille, pourront être transmis héréditairement, ainsi qu'il est réglé par l'acte impérial du 30 mars 1806 et par le sénatus-consulte du 14 août suivant. »

Le majorat peut être défini; une dotation de biens immeubles attachée à un titre héréditaire *duc*, *comte*, etc... et se transmettant avec ce titre conformément aux priviléges de la masculinité et de la primogéniture.

Il était admis que pour la constitution d'un majorat on pouvait immobiliser non-seulement les actions de la Banque de France, mais aussi les rentes sur l'Etat.

L'objet de cette institution était non-seulement de récompenser de grands services (S. C. de 1806, art. 5), mais aussi d'entourer le trône de la splendeur qui convient à sa dignité, de nourrir au cœur des sujets une louable émulation, en perpétuant d'illustres souvenirs, et en conservant aux âges futurs l'image toujours présente des récompenses qui, sous un gouvernement juste, suivent les grands services rendus à l'Etat. (Préamb. du décret du 1er mars 1808.)

On distingue deux sortes de majorats (tit. 2 du décret du 1er mars) :

1° *Les majorats de propre mouvement.* — Ils étaient constitués par le chef de l'Etat avec les biens appartenant aux pays momentanément réunis à l'Empire français (domaine extraordinaire).

2° *Les majorats de biens particuliers.* — Ils étaient

érigés en dotation d'un titre sur la demande d'un chef de famille, et la dotation était prise sur son patrimoine propre.

Lorsque la descendance mâle vient à s'éteindre, les conséquences qui en résultent sont différentes suivant qu'il s'agit des majorats de biens particuliers ou des majorats de propre mouvement. Pour les premiers, le défaut de descendance mâle rend les biens libres dans les mains de ceux qui les ont; pour les seconds, l'extinction de la même descendance fait que les biens reviennent à l'Etat.

La loi du 12 mai 1835 prohibe les majorats pour l'avenir; quant aux majorats institués antérieurement, il faut faire une distinction; les majorats de propre mouvement continuent à produire leurs effets jusqu'à extinction de la descendance mâle; décider que les biens seraient libres entre les mains du possesseur, ce serait enlever à l'Etat son droit de retour dans le cas où le majorat viendrait à s'éteindre faute de descendance. Les majorats de biens particuliers ne pourront pas s'étendre au delà de deux degrés non compris l'institution (art. 2); enfin l'art. 3 permet au fondateur de révoquer le majorat ou de le modifier, à moins qu'il n'existe un appelé qui ait contracté antérieurement à la présente loi un mariage non dissous, et dont il serait resté des enfants.

La loi des 7-11 mai 1849, rendue sur le rapport de M. Valette, vint modifier la législation sur les majorats de biens particuliers, et ne toucha nullement aux majorats de propre mouvement qui restent sous l'empire de la loi de 1835. Il s'était élevé des difficultés sur la signification des mots « *l'instiution non comprise* » de l'art. 2 de la loi de 1835; l'art. 1 de la loi de

1849 décide que l'institution signifie l'érection du majorat sur la tête du premier titulaire.

D'après la loi de 1849, les majorats qui auront été transmis à deux degrés successifs, à partir du premier titulaire, sont abolis (art. 1). Pour l'avenir, cette transmission à deux degrés n'est maintenue qu'en faveur des appelés déjà nés ou conçus lors de la promulgation de la présente loi. S'il n'existe pas d'appelés à l'époque de la promulgation, ou si ceux qui existaient décèdent avant l'ouverture de leur droit, les biens deviendront immédiatement libres entre les mains du possesseur (art. 2).

La seconde exception avait été établie par la loi du 17 mai 1826 qui avait ramené les substitutions à ce qu'elles étaient dans notre ancienne jurisprudence, sauf la différence que le grevé ne pouvait restituer qu'à ses enfants et non à d'autres personnes. Nous verrons cette loi un peu plus en détail sous l'explication des art. 1048 et suivants. Pour le moment, bornons-nous à constater le peu de faveur avec laquelle elle fut accueillie par la population. Elle ne sombra pas en 1835 comme les majorats et elle ne fut abolie que par la loi du 7 mai 1849. L'art 8 est ainsi conçu : « La loi du 17 mai 1826, sur les substitutions, est abrogée. »

Quant aux substitutions antérieures à 1849, voici la disposition de l'art. 9 : Si des appelés sont conçus ou nés lors de la promulgation, ils profiteront de la substitution car ils ont un droit acquis, et on admettra à concourir avec eux tous les autres appelés du même degré, ou leurs représentants, quelle que soit l'époque où leur existence aura commencé. Si au contraire les appelés ne sont pas conçus, les biens deviendront immédiatement libres entre les mains du grevé.

Depuis la loi de 1849, nous sommes revenus au point dont nous étions partis, c'est-à-dire, que la matière des substitutions est régie par l'art. 896 qui prohibe en principe les substitutions, et l'art. 897 qui apporte une exception à cette règle.

Nous allons nous occuper en premier lieu de la règle posée par l'art. 896.

PREMIÈRE PARTIE

Des substitutions prohibées.

Le premier alinéa de l'article 896 est ainsi conçu : « *Les substitutions sont prohibées.* »

Nous avons à nous demander quelles sont les substitutions que le Code a voulu proscrire.

Dans la législation romaine, on distingait trois sortes de substitutions : la substitution vulgaire, la substitution pupillaire et la substitution exemplaire.

Quant à la première, l'art. 896 ne s'y applique évidemment pas, et elle est autorisée formellement par l'art. 898 en ces termes : « La disposition par laquelle un tiers serait appelé à recueillir le don, l'hérédité ou le legs, dans le cas où le donataire, l'héritier institué ou le légataire, ne le recueillerait pas, ne sera pas regardée comme une substitution, et sera valable. » Bien que le législateur n'ait pas voulu employer le mot substitution, et qu'il ait même déclaré que la disposition de l'art. 898 ne serait pas regardée comme une substitution, il n'en est pas moins certain que le mot substitution (*subinstitutio*, *sous-institution*) ne convient réellement qu'à cette disposition. Qu'est-ce, en effet, que la substitution vulgaire? C'est une sous-institution pour le cas où le premier institué ne pourrait pas recueillir la libéralité, par exemple : J'institue Primus mon légataire universel, et si Primus ne peut ou ne veut recueillir, je lui substitue Secundus.

La substitution vulgaire n'a aucun des inconvénient de la substitution fidéicommissaire, elle ne sert, dit Ricard, *qu'à donner un héritier avec plus de certitude*, et le législateur n'avait aucun motif sérieux pour annuler une disposition qui est d'une grande utilité.

Quant aux substitutions pupillaires et exemplaires, elles furent abolies par la loi de 1792, et il est certain qu'elles le sont encore aujourd'hui. Ces substitutions, admises en droit romain, qui permettaient au père, en faisant son propre testament, de faire en même temps celui de ses enfants incapables et de leur nommer un héritier, ne peuvent se comprendre que par l'organisation de la famille romaine. Or, aujourd'hui la famille n'est plus organisée de la même manière, et il n'est permis à personne de faire le testament de ses enfants. Cela résulte de l'art. 895 qui nous dit que le testament est un acte par lequel le testateur dispose, pour le temps où il ne sera plus, de tout ou partie *de ses biens*.

L'art. 896 n'a donc pas été fait en vue de prohiber ces substitutions. La prohibition ne s'applique qu'aux substitutions fidéicommissaires de notre ancienne jurisprudence, c'est-à-dire, aux fidéicommis romains dont l'époque de la restitution était le moment de la mort du grevé. Nous savons déjà que ces fidéicommis, appelés substitutions dans notre ancien droit et liés au régime féodal, ne purent trouver grâce devant les rédacteurs des lois intermédiaires.

Section I.
Caractères des substitutions.

La matière des substitutions est pleine de difficultés, et vouloir s'attacher seulement, pour la connaissance du sujet, à rapporter les variétés infinies sous lesquelles peuvent se produire les substitutions, ce serait entreprendre un travail long et inutile qui conduirait fatalement à obscurcir davantage un sujet délicat. Nous devons donc commencer par poser les grands principes en cette matière, et tracer les caractères distinctifs de la substitution prohibée. Une fois posés, ces principes serviront puissamment à résoudre les questions diverses qui pourront se présenter.

La substitution peut être définie : « Une disposition par laquelle une personne, gratifiée en premier ordre, est chargée de conserver pendant sa vie et de rendre après sa mort à une autre personne gratifiée en second ordre, sous la condition que celle-ci lui survivra. » Cette définition que nous empruntons à M. Demolombe est celle de l'ancienne substitution fidéicommissaire (V. Thévenot).

Si nous décomposons cette définition, nous arrivons à trouver cinq caractères principaux :

1° Une double transmission ;

2° Un délai pendant lequel la propriété du bien restera au grevé. C'est le *tractus temporis* ;

3° La charge de conserver et de rendre ;

4° L'éventualité pour le grevé de devenir propriétaire incommutable ;

5° L'époque de l'ouverture du droit de l'appelé doit être nécessairement la mort du grevé.

Reprenons en détail chacun de ces caractères :

Premier caractère : Double transmission. — Cette double transmission distingue la substitution vulgaire dans laquelle les deux libéralités ne peuvent venir que l'une à défaut de l'autre.

Ici au contraire elles doivent venir l'une après l'autre, *ordine successivo, et non conjunctivo seu simultaneo.*

De la définition que nous avons donnée de la substitution, il résulte que trois personnes se trouvent nécessairement en présence dans toute substitution :

L'auteur de la disposition qui est le donateur ou le testateur, et que l'on nomme le *substituant* ;

Le gratifié en premier ordre, chargé de conserver et de rendre, qu'on appelle le *grevé* ;

Enfin le gratifié en second ordre qui deviendra propriétaire incommutable des biens s'il survit au premier donataire. Bien entendu, nous raisonnons ici dans l'hypothèse d'une substitution à un seul degré, et il est évident que si la substitution était graduelle, c'est-à-dire contenait plusieurs degrés, le premier substitué serait un véritable grevé par rapport aux autres substitués qui viendraient après lui.

Dire qu'il faut deux libéralités, c'est nécessairement supposer que les deux gratifiés sont donataires ou légataires du disposant. De là, la question de savoir s'il y a une double transmission lorsque la charge de conserver et de rendre est imposée à l'héritier du sang recueillant *ab intestat* les biens frappés de cette charge. Des auteurs (notamment M. Duranton, t. VIII, n° 67) ont soutenu que la double transmission n'existait pas, puisque la première a lieu en vertu de la loi, et comme conséquence qu'il n'y avait pas substitution prohibée. On peut répondre que la succession *ab in-*

testat est le testament présumé du *de cujus,* et que dès lors on doit considérer l'héritier légitime comme un véritable légataire; d'ailleurs n'est-il pas exact de dire que le testateur, qui pourrait disposer en faveur d'un étranger et qui dispose en faveur de son héritier, fait un don à cet héritier. « *Dat qui non adimit.* » Ces mêmes auteurs invoquent aussi les termes de l'art. 896, qui ne parlent que du donataire, du légataire, de l'héritier institué (qui est un légataire aux termes de l'art. 1002), et qui semblent exclure l'héritier *ab intestat.* Cet argument repose sur une fausse interprétation des deux §§ de l'art. 896. Le législateur, en rédigeant cet article, avait un double but; dans le premier §, il a voulu prohiber en principe les substitutions sans s'occuper des caractères requis pour constituer une substitution, et sans examiner la question de savoir si le grevé est un donataire ou un héritier *ab intestat.* Quant au second § qui sert de base à la théorie de nos adversaires, il n'a rien à faire dans la question puisqu'il s'occupe uniquement de la nullité de la disposition principale sur laquelle porte cette substitution ; ce qu'il faut en induire seulement, c'est qu'il est impossible de déclarer nulle la disposition principale quand le grevé est l'héritier légitime.

La solution doit se trouver ailleurs ; le Code civil a entendu abolir les substitutions telles qu'elles étaient dans l'ancien droit; or, sous l'ancien droit, il y avait substitution fidéicommissaire encore bien que la charge de rendre fût imposée à l'héritier *ab intestat* (Pothier, substitution. Sect. IV, art. 1, § 3, alin. 3. — Thévenot, ch. 6. — Angers, 7 mars 1822. S. 22, 2, 35).

On peut ajouter que les art. 1048 et suivants, relatifs au cas où, par exception, les substitutions sont permises, supposent que le grevé est l'héritier légitime du disposant ; c'est donc, qu'en principe, il y a substitution prohibée lorsque le grevé est l'héritier *ab intestat.*

De même, en sens inverse, il y aurait substitution prohibée dans le cas d'un testament ainsi conçu : « J'institue un tel mon légataire universel, et par lui ses enfants à perpétuité. » bien que les appelés recueillent le bénéfice de la disposition en vertu de la loi comme enfants du grevé. (Turin, 22 décembre 1810. S. 1811, 2, 375.)

Deuxième caractère : Trait de temps. — Dès qu'il y a deux donations successives, il faut nécessairement un espace de temps qui sépare l'ouverture du droit du grevé de l'ouverture du droit de l'appelé.

Ce caractère, qui n'existe pas dans les fidéicommis purs et simples, se rencontre dans les fidéicommis et les legs à terme et conditionnels, et il n'est pas à lui seul un moyen sûr pour discerner la substitution prohibée d'avec ces deux autres modes de disposition ; mais, comme nous le verrons un peu plus loin, ce qui pourra distinguer ces dispositions, c'est que nous exigeons pour la substitution que le trait de temps dure pendant toute la vie du grevé.

Troisième caractère : Charge de conserver et de rendre. — Le grevé doit être chargé de conserver les biens donnés ou légués, et de les rendre à l'appelé lors de l'ouverture du droit de ce dernier; c'est cette charge de conserver et de rendre qui constitue l'inconvénient des substitutions, en ce qu'elle produit l'immobilisation des biens.

Ce caractère n'est pas reconnu par tout le monde

comme essentiel à la substitution fidéicommissaire; la controverse s'est élevée au sujet du fidéicommis *de residuo*, c'est-à-dire d'une disposition par laquelle le grevé ne devra rendre à l'appelé que ce qui restera des biens qui lui ont été donnés. Nous examinerons cette question un peu plus bas, et nous la résoudrons dans le sens exclusif de la substitution parce que nous considérons ce troisième caractère comme une condition indispensable de la substitution fidéicommissaire.

Quatrième caractère: Eventualité pour le grevé d'avoir une propriété incommutable. — Le grevé deviendra propriétaire incommutable si l'appelé décède avant lui. Il est vrai que ce caractère n'appartient pas exclusivement à la substitution fidéicommissaire et que nous le trouvons aussi dans les fidéicommis et les legs conditionnels, mais il n'en est pas moins certain qu'il est aussi un des signes essentiellement caractéristiques de la substitution.

Ce quatrième caractère distingue la substitution fidéicommissaire du legs *ex die* qui fait acquérir au légataire, du jour du décès, un droit à l'objet légué. Le *dies* recule seulement la délivrance du legs, et quand même le légataire ne survivrait pas au terme fixé, son droit serait transmissible à ses héritiers.

Cinquième caractère: La restitution doit se faire à la mort du grevé. — Ce cinquième caractère de la substitution prohibée est ce qu'on appelle l'ordre successif, *ordo successivus*, et il forme l'un des traits le plus particulièrement distinctifs.

L'art. 896 ne le mentionne pas, et quelques auteurs ont vu une substitution dans le cas où la restitution devait se faire à une époque autre que la mort du grevé, par exemple : charge de conserver les biens et de les rendre à la majorité d'une personne. Pour nous, nous n'y voyons qu'un simple legs conditionnel, et nous pouvons appuyer notre solution sur plusieurs arguments : 1° Le Code a voulu prohiber les substitutions telles qu'elles existaient dans notre ancienne jurisprudence; or, il est certain que dans les anciennes substitutions fidéicommissaires, la mort du grevé fixait la restitution. Comme preuves, nous pouvons citer les ordonnances de 1560 et de 1566, qui établirent des réformes importantes dans les fidéicommis graduels et perpétuels; l'ordonnance de 1747 dont le préambule considère les substitutions fidéicommissaires *comme un nouveau genre de succession où la volonté de l'homme prenait la place de la loi* (Ricard, des substit. dir. et fidéic.) : « L'usage, dit cet auteur, a tellement attaché à l'expression *je substitue* l'idée de la substitution fidéicommissaire, et de l'ordre successif et du trait de temps, que tous les auteurs modernes la regardent unanimement comme suffisante pour former seule une substitution de cette nature. » Les motifs qui ont déterminé le législateur à prohiber les substitutions sont, de tous points, d'accord avec cette interprétation; c'est ce qui faisait dire à M. Bigot-Préameneu dans l'exposé des motifs : « Il était impossible de concilier avec l'intérêt général de la société, cette faculté d'établir un *ordre de successions* perpétuel et particulier à chaque famille..... Chaque grevé n'étant qu'un simple usufruitier avait un intérêt contraire à toute amélioration. Une très-grande masse de propriétés se trouvait perpétuellement hors du commerce, etc..... »

2° Un deuxième argument, c'est que toutes les fois que les substitutions sont permises, l'époque de la restitution ne peut être que la mort du grevé (art. 1048 et suiv.).

3° Enfin, comme troisième argument, si on n'admettait pas cette interprétation, il faudrait conclure que la loi a interdit d'une manière formelle la charge de conserver et de rendre : or, ceci n'est pas exact, car deux articles, les art. 1121 et 1040, seraient inconciliables avec l'art. 896. Ces deux articles permettent de faire des legs ou des donations sous condition, par exemple : « Je donne ou je lègue ma ferme à Primus, à la charge par lui d'en rendre la moitié à Secundus, si tel événement arrive »; il faut donc que le Code ait reconnu une différence entre certains fidéicommis conditionnels et les substitutions, puisqu'il a permis les uns et prohibé les autres. Et cette différence, où gît-elle, si ce n'est dans la condition de rendre à la mort du grevé? (V. Troplong.)

Concluons que le Code a entendu abolir les substitutions telles qu'elles se pratiquaient dans notre ancienne France, et telles qu'elles avaient été autorisées par l'ordonnance de 1747, et disons : toutes les fois que nous trouverons, dans un legs ou une donation, une condition qui sera la mort du grevé, la disposition devra être considérée comme une substitution.

Ce cinquième caractère servira toujours à distinguer une substitution d'un legs conditionnel permis; nous pouvons ajouter qu'une autre différence importante, qu'il est difficile d'apercevoir en pratique, sépare ces deux dispositions. Lorsqu'un testateur a grevé quelqu'un d'un legs conditionnel, le grevé n'a qu'une propriété résoluble, une propriété par intérim qui

BIBLIOTHÈQUE ... RENNES

sera effacée *in prœteritum* par l'évènement de la condition, et le légataire recevra, comme un légataire pur et simple, le legs, du testateur lui-même, directement et sans intermédiaire. Au contraire, quand il s'agit d'une substitution, la propriété qu'a le grevé n'est pas une propriété résoluble dans la vérité juridique des termes; non, la propriété, que le grevé acquiert, fait sur sa tête une impression ineffaçable que l'ouverture de la substitution ne saurait détruire dans le passé; autrement il ne serait plus vrai de dire que le substitué reçoit par l'entremise du grevé, ce qui est la condition nécessaire de l'ordre successif créé. « La propriété du grevé, dit M. Demolombe (n° 94), est une propriété *ad tempus*, qui finit, qui meurt, lorsque la substitution vient à s'ouvrir, mais qui n'est pas résolue. Elle finit, dis-je; donc, elle a duré! elle meurt; donc, elle a vécu! Le droit du grevé, en un mot, a fait son temps! et quand le droit de l'appelé s'ouvre et commence, il lui succède, il le continue, comme un héritier succède au droit de son auteur et le continue; mais il ne l'efface pas et ne le résout pas plus que le droit naissant de l'héritier n'efface et ne résout le droit éteint de son auteur décédé. »

Cette différence explique pourquoi, dans les legs conditionnels, il est nécessaire que les légataires soient conçus à l'époque du décès du testateur, tandis que dans une substitution cette condition n'est pas exigée.

La disposition doit annoncer que c'est seulement à l'époque de son décès que le grevé a été chargé de rendre, et comme c'est là le caractère distinctif du véritable ordre successif, il faut que les termes soient formels. Il n'est pas nécessaire, du reste, que les mots mentionnent expressément la mort du grevé; il suffit que la condition résulte implicitement, mais nécessairement, des expressions employées. — « Je lègue à Pierre un immeuble et je le charge de le rendre à Paul ; » dans notre ancienne jurisprudence on aurait sous-entendu la charge de rendre à la mort du grevé par la raison que les substitutions étaient permises. Mais aujourd'hui qu'elles sont prohibées, il n'en saurait être de même, et nous ne devrions voir qu'un fidéicommis pur s'ouvrant, comme chez les Romains, au décès du testateur.

Il importe peu que la charge de rendre, lorsqu'elle est reportée au décès du grevé, ait été en même temps subordonnée à quelque autre condition; la disposition, quoique conditionnelle, n'en a pas moins les caractères d'une substitution, et de ce que l'incertitude dans le droit de propriété pourrait ne pas durer aussi longtemps que dans la substitution pure et simple, il ne s'ensuit nullement qu'elle n'existe pas, au même degré, tant qu'elle dure. (V. Demol., Cass., 31 mai 1865. D. 65, I, 439.)

Tels sont les cinq caractères que doit présenter toute substitution. Toutes les fois qu'une disposition ne réunira pas ces éléments, elle ne devra pas être considérée comme une substitution, mais comme un simple legs conditionnel ou un droit d'accroissement.

Maintenant que les principes qui doivent servir de guide en cette matière sont connus, nous pouvons en faire l'application et étudier les questions controversées que soulèvent les substitutions.

Il résulte des termes de l'art. 896 que, pour qu'une disposition puisse être considérée comme une substitution, il faut que le donateur ou le testateur ait imposé à l'institué en premier ordre l'obligation *de conserver les biens et de les rendre* aux appelés. D'où la conséquence qu'il ne peut y avoir substitution quand la libéralité a pour objet des choses fongibles; le légataire, en effet, devient propriétaire incommutable et est seulement chargé de rendre des choses de même nature, qualité et quantité, il n'est donc pas tenu de les conserver (Nancy, 9 décemb. 1871, D. 71, 2, 164).

De même, la donation d'un immeuble, faite à la charge, par le donataire, de laisser à sa mort une somme d'argent à un tel, ne constitue pas une substitution, car le donataire est libre de disposer de l'immeuble qui lui a été donné, il se trouve simplement débiteur d'un legs d'une somme payable à sa mort. (Cass., 13 juillet 1866, D., 66, 1, 480.)

— Quels sont les termes qui doivent être employés dans l'acte de disposition?

Il n'est pas nécessaire que le disposant se soit servi des mots mêmes de l'article, *conserver et rendre*, il suffit que la volonté de substituer soit clairement manifestée (Paris, 23 janv. 1869. D. 1869, 2, 121). Cependant de simples termes précaires, un vœu, ne suffiraient pas, croyons-nous, à former la substitution (Cass., 25 mai 1869. J. P. 69, p. 1208); il en était autrement, il est vrai, dans le droit romain où les formules *rogo, cupio, desidero ut des, reddas*, emportaient fidéicommis et charge de rendre; à notre époque, deux motifs s'opposent à ce que cette jurisprudence soit encore suivie : 1° Les termes de l'art. 896 «*sera chargé*» montrent bien qu'une simple recommandation ne suffit pas puisque prier une personne de rendre est tout l'opposé d'imposer à cette personne la charge de rendre; 2° les jurisconsultes romains attachaient un sens impératif aux formules que nous venons de citer parce que les expressions dont se sert un testateur, quand il rédige ses dernières volontés, doivent toujours être ramenées à l'interprétation la plus propre à leur donner les effets autorisés par la loi : « Le testateur, dit Merlin, Rép. *Subst. fidéic.*, sect. 8, n° 7, avait l'intention de faire un fidéicommis que la loi reconnaissait comme valable, quoi de plus juste de supposer qu'un testateur qui prie a plutôt l'intention de faire une substitution que de faire une disposition purement illusoire. Aujourd'hui, il n'en est plus de même, car cette règle se trouve en opposition avec cette autre règle qu'un testateur ne doit jamais avoir eu l'intention de faire ce que la loi lui défend : dans le choc de ces deux règles, c'est sans contredit la première qui doit céder à la seconde. » (Cass., 20 janv. 1840. Devil, 40, 1, 363.)

Nous venons d'admettre que la charge de conserver et de rendre est essentielle pour caractériser une substitution. Ce caractère n'est pas reconnu comme tel par plusieurs auteurs, et une grave controverse est engagée dans la doctrine et la jurisprudence sur les fidéicommis *de residuo* ou *de eo quod supererit*, par exemple : j'institue Pierre et le charge de rendre à Paul ce qui lui restera de mes biens, à son décès. Cette manière de disposer tombe-t-elle sous l'application de l'article 896?

Trois systèmes sont en présence :

Premier système. Ce fidéicommis est une substitution prohibée.

Il faut tout d'abord repousser ce premier système qui se fonde sur le droit romain et sur notre ancienne jurisprudence pour déclarer la nullité de la disposition comme contenant une substitution. Les principes, qui existaient alors, ne peuvent plus être admis aujourd'hui. En droit romain, comme le prouvent les lois 70, § 3 *de leg.* 2e; 54 et 58 Dig., *ad S. C. Trebel.*, le grevé ne pouvait disposer des biens compris dans le fiédicommis *de residuo* que pour ses besoins réels, de bonne foi et sans fraude. « In totum diminuere non « potest alioquin inane esset fideicommissum. Lex « ait posse diminuere bonâ fide et ex justâ causâ » (1), et la mesure de l'aliénation était à l'arbitrage du juge « *boni viri arbitrium inesse credidit* » (Lex 54).

Justinien, par la Novelle 108, voulut que le grevé laissât au substitué le quart des biens; quant aux trois quarts, il pouvait seulement les aliéner a titre onéreux. Cependant, par exception et dans deux cas, pour cause de dot et avantages nuptiaux si le grevé n'avait pas d'autres biens, et pour le rachat des captifs, cette même Novelle permit au grevé d'entamer par donation le quart réservé à l'appelé. Les fidéicommis emportaient donc, dans une certaine mesure, la charge de conserver; le substituant était censé l'avoir ainsi entendu.

Notre ancienne jurisprudence suivait généralement les principes du droit romain (Thévenot, ch. LI; Ricard, ch. XIII, n° 99).

Ces principes n'ont pas été reproduits dans notre Code, et aucun texte n'oblige le grevé d'un fidéicommis *de residuo* à ne pas aliéner dans une certaine mesure. Il faut tenir pour certain que ce serait aller contrairement à l'esprit de la loi et du testateur que de décider que le fidéicommis *de eo quod supererit* emporte la charge de conserver, puisque ce testateur

(1) Cujas, *Ad. S. C. Trebel.*, *ad leg.*, 54.

laisse au grevé l'entière liberté d'aliéner les biens légués. Nous ne rencontrons plus un des traits caractéristiques des substitutions prohibées, et nous pensons qu'il n'y a pas lieu à l'application de l'art. 896.

Ce premier système, du reste, est maintenant généralement abandonné (Rolland de Villargues. Sirey, tom. 19, 2e part., p. 59).

Deuxième système. Le fidéicommis de residuo est une substitution prohibée, mais avec cette particularité que ce qu'on annulera ici, ce sera seulement la charge de rendre, sans qu'il y ait lieu d'annuler la disposition principale.

Deux arguments sont présentés par les partisans de ce système : l'art. 896 contient, disent-ils, deux dispositions indépendantes : dans le premier alinéa, le Code prohibe, d'une manière générale, les substitutions; dans le second, le législateur n'annule la disposition principale qu'autant qu'on y rencontre, pour le grevé, la charge de conserver et de rendre. Le fidéicommis *de residuo* est bien une substitution; on y voit d'abord une première personne appelée et instituée dans la propriété de la chose donnée; ensuite on trouve une seconde personne appelée à recueillir après le premier donataire; enfin, le donataire ne doit recueillir la propriété que dans le cas futur et incertain de la mort du premier donataire, c'est l'ordre successif. Conséquence : la disposition au profit du second gratifié sera annulée comme contenant une substitution (art. 896, 1°); quant à la disposition principale, elle sera validée parce que l'art. 896, 2° ne l'annule qu'autant qu'il y a charge de conserver et de rendre; or, dans le fidéicommis *de eo quod supererit*, il n'y a pas charge de conserver.

Cette manière d'envisager l'art. 896 est inadmissible, et il n'est pas permis de scinder l'art. 896. Le deuxième paragraphe n'est que le développement du premier et le sens de la loi est celui-ci : les substitutions sont prohibées, voilà le principe; mais à quels caractères reconnaître une substitution? Le deuxième alinéa répond : « Quand il y a charge de conserver et de rendre. » Ce raisonnement est conforme à l'ancien droit, parce que le Code a voulu prohiber l'ancienne substitution fidéicommissaire, et que cette substitution emportait charge de conserver et de rendre. Nous ne devons donc pas séparer ces deux paragraphes, et nous en tirons un argument en faveur du troisième système qui est le nôtre : toute substitution doit contenir charge de conserver et de rendre; du moment où la charge de conserver n'existe plus, il en résulte qu'il n'y a pas de substitution, et tel est le cas du fidéicommis *de residuo*.

Les adversaires de cette doctrine répondent : admettons pour un instant que l'art. 896 ne soit pas concluant pour la défense de notre opinion; est-ce qu'on peut pour cela, soutenir que le substitué aura action contre le grevé? Non, car aux termes de l'art. 1174, la charge de rendre sera nulle, comme dépendante du pur arbitre du grevé (art. 944). Cette objection n'est réellement pas sérieuse, car il n'est pas vrai que ce soit là une condition absolument potestative de la part du premier gratifié; cette charge de rendre ne dépend pas de sa seule volonté, *ex mero arbitrio*, et il faut qu'il aliène les biens substitués pour empêcher le second gratifié de les recueillir; or, cette aliénation peut se trouver empêchée par plusieurs circonstances indépendantes de la volonté du grevé, par exemple, par son incapacité.

Réponse est faite aux objections qui ont été soulevées; nous avons établi par là même le système que nous adoptons. Le fidéicommis *de residuo* n'est pas une substitution, c'est une simple donation ou un legs ordinaire qui exige la naissance ou au moins la conception du second gratifié à l'époque de la donation, s'il s'agit d'une donation entre-vifs, ou à l'époque du décès du testateur, s'il s'agit d'un legs (Cass. 11 février 1863, D. 63, 1, 233. — Cass. 11 août 1864, Devil, 64, 1, 436).

Ajoutons que, dégagées de la charge de conserver, les substitutions n'ont aucun des inconvénients justement reprochés aux substitutions graduelles, et qui les ont fait proscrire : elles ne retirent pas les biens donnés du commerce; le fiduciaire peut les vendre, les donner, les hypothéquer, et les créanciers ne s'exposent pas à perdre, puisque ces biens sont leur gage. L'esprit et la lettre du Code se réunissent donc pour établir que le fidéicommis de ce qui restera ne peut être classé parmi les substitutions prohibées.

La défense qui a été faite au premier gratifié de disposer à titre gratuit, soit par testament, soit entre-vifs, ne donne pas à la disposition le caractère d'une substitution; ceci ne soulève aucune difficulté. Le premier donataire n'a pas, il est vrai, la faculté indéfinie d'aliéner, mais il n'est pas non plus tenu de la charge absolue de conserver et de rendre, puisqu'il lui est permis d'aliéner à titre onéreux (Cass., 11 février 1863. D. 63, 1, 232).

Que décider dans le cas où le disposant, tout en chargeant le donataire ou le légataire de conserver et de rendre les biens à un tiers, l'aurait autorisé à aliéner en cas de besoin? Faut-il voir une substitution ?

La négative doit être admise, car, quand un testateur a permis au grevé d'aliéner, en cas de besoin, les biens qu'il lui a légués, l'intention de ce testateur a été de laisser le grevé seul juge de ses besoins. Cependant, s'il résultait des termes de l'acte que le testateur a eu l'intention de laisser aux juges le soin d'apprécier les besoins qui pourraient justifier l'aliénation, on devrait respecter cette volonté et considérer cette disposition comme une véritable substitution ; ainsi jugé qu'il y a substitution prohibée dans la disposition testamentaire portant que le pouvoir d'aliéner n'est conféré au donataire qu'en cas de nécessité dûment justifiée (Cass., 24 avril 1860. Devil. 60, 1, 514).

Quand la défense d'aliéner emporte-t-elle substitution ?

Un point hors de doute, c'est qu'il ne peut y avoir substitution que quand la prohibition est établie en faveur d'une ou de plusieurs personnes déterminées ; si la personne n'est pas déterminée, la défense d'aliéner est un précepte nu, un *nudum præceptum* (L. 114, § 14, Dig., *de leg.* 1°). Et lors même que le testateur aurait ajouté une clause pénale pour le cas où le légataire ne respecterait pas la défense d'aliéner, il n'y aurait pas substitution prohibée ; l'aliénation indûment faite n'entraîne que la conséquence, pour le légataire, de payer la somme aux héritiers du disposant; l'aliénation reste parfaitement valable, ce qui n'arriverait pas s'il y avait substitution. Quelle est, en effet, dans une substitution, la peine de la violation de l'inaliénabilité de la chose ? C'est une action réelle du substitué contre les tiers pour faire révoquer l'aliénation. Dans notre espèce, les héritiers du testateur n'auraient qu'une action personnelle contre le donataire ou ses héritiers, et encore croyons-nous que cette action devrait s'évanouir par la raison que nous considérons la prohibition d'aliéner comme contraire à l'ordre public (Paris, 11 mai 1852. Journal *le Droit* du 24 sept. 1852. — Nancy, 9 décembre 1871. D. 71, 2, 164).

Dans la législation romaine et notre ancienne jurisprudence (Ricard, ch. 7, n° 337. — L. 69, Dig., *de leg.* 2°), on voyait un fidéicommis lorsque le testateur, précisant davantage la prohibition, disait : *Je défends d'aliéner hors de ma famille.* Aujourd'hui, cette solution ne doit pas être acceptée pour deux raisons : la première, que la défense d'aliéner hors de la famille n'emporte pas absolument la charge de conserver et de rendre, puisque le grevé peut aliéner dans le cercle de sa famille ; la seconde, que les appelés ne sont pas désignés d'une manière suffisamment certaine, et qu'on serait obligé, pour les déterminer, de recourir à des conjectures sur la volonté présumée du testateur.

Mais nous verrions une substitution dans la défense faite au légataire de ne disposer qu'au profit des enfants d'un tiers ; on y trouve, en effet, la charge de conserver et de rendre au profit de tiers suffisamment désignés (Cass., 7 mai 1862. D. 62, 1, 289).

Dans le cas où le grevé a été chargé d'élire le substitué, on peut se demander s'il y a substitution.

Si la faculté d'élire est illimitée et indéfinie, par exemple : « J'institue Paul avec charge par lui de rendre les biens à celui qu'il jugera le plus méritant, » il n'y a aucune charge de rendre, ou plutôt cette charge de rendre est subordonnée à une condition purement potestative de la part du grevé ; il n'y a pas substitution.

Cette faculté indéfinie d'élire est très-rare, pour ne pas dire hypothétique; ce qu'on trouve ordinairement, c'est une faculté d'élire dans une certaine catégorie de personnes, soit dans la famille du disposant, soit dans celle du grevé. En se plaçant à ce point de vue, la question est controversée et la jurisprudence en désaccord.

Deux arrêts (Aix, 9 février 1841. D. 41, 2, 160. — Cass., req., 8 nov. 1847. D. 51, 1, 103) ont admis qu'il n'y avait pas substitution, et voici les motifs invoqués à l'appui de cette solution : la charge de rendre n'existe réellement qu'autant que le testament contient la désignation du tiers à qui les biens doivent être rendus. Le testateur, ayant abandonné au légataire le soin de faire cette désignation, il en résulte qu'il n'y a point de substitué. En vain objecte-t-on que la charge, imposée au légataire d'élire le substitué parmi les parents du testateur, doit être regardée comme équivalente à une désignation émanée du testateur lui-même et suffisante pour conférer à la disposition le caractère de la substitution? La faculté d'élire, supprimée par la loi du 17 nivôse an II, n'a pas été rétablie par le Code civil ; c'est ce qui résulte implicitement des art. 893 et 967, et dans notre droit la faculté de tester doit être exercée par le testateur lui-même, et non par un tiers ; il s'ensuit que cette clause, qui renferme, pour un tiers, la faculté d'élire, doit être inefficace et réputée non écrite, comme contraire aux lois (art. 900). Conséquence : il n'y a pas nullité de la disposition principale, puisqu'il n'y a pas substitution.

Telle était la jurisprudence jusqu'en 1851. On peut lui faire des reproches très-graves, et soutenir qu'elle a fait une fausse application de la loi en écartant l'art. 896. L'art. 896 n'exige pas que le tiers soit individuellement désigné par le disposant lui-même; ce qui est nécessaire, c'est que la disposition impose au grevé la charge de rendre; or, la faculté d'élire satisfait à cette condition. Le grevé est obligé de faire ce choix; s'il meurt sans avoir choisi personne, l'obligation de rendre sera dans la succession (Loi 67, § 7. Dig., *de leg.* 2o), et les personnes désignées par le substituant viendront toutes au fidéicommis. Quant à l'objection tirée de la loi de nivôse an II, elle repose sur une confusion. Dans l'ancien droit, il y avait deux facultés d'élire : l'une, accompagnant l'institution avec charge de rendre; l'autre, laissée au choix d'un tiers non gratifié. Dans ce dernier cas, il est évident qu'il n'y a pas substitution, et cette faculté d'élire doit être considérée comme non écrite depuis la loi de nivôse; mais, il est certain que le premier cas contient une véritable substitution. On y rencontre tous les caractères de la substitution prohibée, charge de conserver jusqu'à la mort et charge de rendre; or, il n'y a pas, pour une substitution avec droit d'élire, une nullité particulière, une nullité privilégiée qui ne s'appliquerait exclusivement qu'à une partie de la disposition. La nullité prononcée pour les substitutions, quelles qu'elles soient, est toujours la même, c'est celle écrite dans l'art. 896; l'art. 900 n'est donc pas applicable, et la disposition principale est entachée de nullité (Cass., ch. civ., 5 mars 1851. D. 51, 1, 104. Concl. de l'av. génér. — Depuis cette époque, la jurisprudence s'est conformée à l'arrêt ci-dessus : Voy.

Cass., 28 fév. 1853. D. 53, 1, 202; Cass., 30 nov. 1853. D. 54, 1, 402).

La clause insérée dans une donation, portant, qu'après le décès du donataire, la chose retournera au donateur, ne constitue pas une substitution ; cela est de toute évidence ; car, toute substitution exige le concours de trois personnes. Ici, il n'y en a que deux, le donateur et le donataire, et le donateur qui stipule le retour à son profit ne peut pas être tout à la fois le substituant et le substitué ; il ne peut se donner à lui-même sa propre chose ; il ne peut donc pas être substitué puisque tout substitué est donataire (Thévenot, n° 241). Une pareille disposition n'est autre chose qu'une donation faite sous condition résolutoire, et la validité est formellement consacrée par l'art. 951 : « Le donateur pourra stipuler le droit de retour des objets donnés, soit pour le cas du prédécès du donataire seul, soit pour le cas du prédécès du donataire et de ses descendants. Ce droit ne pourra être stipulé qu'au profit *du donateur seul.* » Ce dernier alinéa constitue un changement des principes de l'ancien droit sur cette matière, où il était permis de stipuler le retour non-seulement pour le donateur, mais encore pour ses héritiers, et même, si les héritiers n'étaient pas mentionnés dans la stipulation, ils étaient censés y être compris, du moins lorsque le donateur avait stipulé le retour pour le cas du prédécès du donataire et de ses descendants, c'est-à-dire, pour un cas où le donateur ne devait pas s'être flatté de survivre à plusieurs générations (Lebrun, succes. Liv. 1, ch. 5, sect. 2, n° 35. Coin-Delisle, art. 951, n° 22).

Aujourd'hui le droit de retour ne peut être stipulé qu'au profit du *donateur seul ;* s'élève alors la question de savoir ce qu'il arrive, lorsqu'il a été stipulé au profit d'autres personnes. Cette stipulation, défendue par l'art. 951, doit-elle être considérée comme non écrite aux termes de l'art. 900, ou comme une substitution tombant sous l'application de l'art. 896?

La question peut se présenter sous plusieurs hypothèses que nous allons examiner.

A. Le donateur a stipulé qu'en cas de décès du donataire avant Primus, la chose donnée reviendrait à Primus.

La clause est une substitution, et cette hypothèse ne contient nullement un véritable droit de retour. Par l'effet du droit de retour, les biens doivent retourner au point d'où ils sont sortis, c'est-à-dire au donateur; ici, au contraire, ils vont à Primus qui n'en a jamais eu la propriété. Nous rencontrons donc tous les caractères de la substitution ; la double transmission et l'*ordo successivus* (le premier donataire est obligé de conserver jusqu'à sa mort et de rendre à Primus). L'art. 896 est applicable, et la disposition doit être annulée dans son entier (Cass., 22 janv. 1839. Devil. 39, 1, 193).

B. Le donateur, sans stipuler le droit de retour pour lui-même, l'a stipulé au profit de ses héritiers en cas de prédécès du donataire.

M. Demante (Cours analyt., tom. 4, p. 22) ne voit pas, dans cette clause de retour, une substitution : « Ce qui, dans ma pensée, distingue le retour de la substitution, c'est que le retour tend uniquement à ramener les biens dans le patrimoine dont ils auraient dû faire partie. Toutes les fois donc qu'une disposition entre-vifs ou testamentaire, de quelque manière qu'elle soit qualifiée, imposera la charge éventuelle de conserver et de rendre à la mort aux héritiers du disposant, je n'y verrai qu'un retour dont la réserve ne me paraîtrait pas plus permise dans un legs que dans une donation ; mais je n'annulerai pas le don ou le legs frappé de cette réserve, parce que, selon moi, l'art. 896 ne sera pas alors applicable. »

Pour M. Duvergier, le droit de retour stipulé au profit des héritiers *du testateur* est une substitution ; mais il n'est pas une substitution quand il est stipulé au profit des héritiers *du donateur*. Cette distinction peut se comprendre, parce que ce jurisconsulte pense qu'il sera bien rare que, dans un acte entre-vifs, le donateur stipule le retour pour ses héritiers seulement, sans le stipuler d'abord et par préférence pour lui-même. Il traite cette hypothèse comme celle qui sera examinée bientôt, celle où le donateur a stipulé le retour pour lui et ses héritiers.

Nous n'admettons ni la doctrine de M. Demante, ni celle de M. Duvergier, et nous pensons que, dans tous les cas, il y a une substitution, soit qu'il s'agisse d'une disposition testamentaire, soit d'une donation. Nous suivons en cela la doctrine de M. Demolombe : « d'abord, qu'il y ait substitution dans le prétendu droit de retour réservé par le testateur au profit de ses héritiers, pour le cas du prédécès du légataire, cela nous paraît certain. Est-ce que, en effet, les héritiers, dépouillés par le testament, ont jamais eu aucun droit à l'objet légué ? Et, comment comprendre que cet objet, qui n'est point parti de chez eux, puisse leur faire retour.....

« La solution, d'ailleurs, doit être aussi la même, suivant nous, à l'égard des héritiers du donateur, au profit desquels le retour aurait été stipulé.

« A quel titre, en effet, les héritiers du donateur pourraient-ils recueillir?

« Comme donateur eux-mêmes? Non, puisque eux-mêmes, ils n'ont rien donné.

« Comme héritiers du donateur et de son chef? Pas davantage, car le donateur n'avait plus la chose dont il s'était irrévocablement dessaisi, ni le droit de retour qu'il n'avait pas stipulé pour lui-même.

« Ce n'est donc que comme donataires en second ordre, pour venir après le donataire en premier ordre, c'est-à-dire, en qualité de substitués. » Demol., tom. 18, n° 111. Cass., 21 fév. 1841. Devil. 41, 1, 603; Cass., 5 mars 1866. D. 66, 1, 123; Amiens, 7 décemb. 1868. D. 69, 2, 59.)

Si le testateur, au lieu d'avoir stipulé le droit de retour pour ses héritiers, avait dit simplement : « Le legs sera résolu en cas de décès du légataire sans postérité, » la solution doit être la même que la précédente. Le légataire est bien obligé de conserver et de rendre à sa mort, s'il meurt sans enfants, aux héritiers du disposant. (V. Troplong, n° 161.)

C. Le donateur, en stipulant le droit de retour pour lui-même, l'a en même temps stipulé pour d'autres personnes, soit pour un tiers ou un ou plusieurs de ses héritiers, soit pour tous ses héritiers.

Cette hypothèse est la plus vivement débattue, et trois opinions se sont produites.

M. Demolombe distingue deux cas : celui où le retour est stipulé au profit du donateur et d'un tiers (ou d'un des héritiers), et celui où il est stipulé au profit du donateur et de tous ses héritiers. — Dans le premier, il voit une substitution prohibée tombant sous l'application de l'art. 896; dans le second, il ne voit qu'une condition illicite qu'il considère comme non écrite, aux termes de l'art. 900, et il maintient dès lors la disposition principale.

La jurisprudence ne fait aucune distinction. Que le retour soit stipulé au profit du donateur et d'un tiers, ou qu'il soit stipulé au profit du donateur et de tous ses héritiers, la solution est la même, et la clause doit être considérée comme non écrite (art. 900). Voici les arguments invoqués. Le Code traite des substitutions dans l'art. 896; il traite du droit de retour dans l'art. 951 ; il ne les confond donc pas et ne les place pas sur la même ligne. Il a voulu, d'ailleurs, prohiber les substitutions telles qu'elles existaient dans l'ancien droit, et précisément, dans notre ancienne jurisprudence, la stipulation de retour n'était pas confondue avec les substitutions; il en résulte que l'extension de la clause de retour n'est pas réglée par l'art. 896. (Cass. 8 juin 1836. — Devil. 36-1-463.)

Ces deux systèmes doivent être rejetés, parce qu'ils oublient les caractères distinctifs de la substitution. Nous pensons qu'il y a toujours une substitution quand le retour est stipulé non-seulement au profit du donateur, mais encore au profit de tous ses héritiers ou d'un tiers. Quand le donateur stipule le droit de retour pour lui et pour un tiers non héritier, on trouve sans difficulté les éléments de la substitution : « Nous tenons pour une substitution la disposition par laquelle le donateur a stipulé le droit de retour à son profit et au profit d'un tiers; car ce n'est pas là une extension illicite seulement du droit de retour; la stipulation, en tant qu'elle s'applique au tiers, revêt nécessairement un caractère tout autre! Car jamais le droit de retour n'a existé ni pu exister d'aucune façon au profit d'un tiers! A quel titre donc seulement ce tiers pourrait-il recueillir? Ce ne serait évidemment que comme gratifié en second ordre, c'est-à-dire comme substitué! Aussi est-ce bien l'art. 896 qui est applicable, et non l'art. 951. » (Demolombe, tome 18, n° 112.)

Quand le retour est stipulé au profit du donateur et de ses héritiers, nous donnons la même solution et nous combattons celle de M. Demolombe. Il n'est pas exact de dire que les heritiers du donateur sont appelés, non pas comme donataires en second ordre, mais comme héritiers, et que dès lors il n'y a pas une double transmission, puisque, si le droit éventuel de retour, qui appartenait au donateur, ne s'est pas accompli de son vivant, les héritiers le trouveront dans sa succession comme les autres biens ; ce n'est pas exact, disons-nous, car le législateur de 1792, ayant déclaré que le droit de retour n'était plus transmissible aux héritiers, il en résulte que, si le donateur vient à mourir avant le donataire, la condition est défaillie, et il est impossible de dire que ses héritiers trouveront dans sa succession le droit éventuel de retour, droit qui est anéanti par la mort du donateur. Les héritiers doivent être considérés comme de véritables gratifiés en second ordre, et ils doivent être mis sur la même ligne que les tiers pour qui le donateur aurait fait la stipulation du droit de retour.

Quant à l'argument que la jurisprudence tire de l'ancien droit, il n'est guère probant, puisqu'il ne tend rien moins qu'à laisser de côté l'art. 951. Du moment qu'une clause présente les caractères de la substitution, il faut appliquer l'art. 896 sans chercher à fonder une théorie sur ce qui se passait dans notre ancienne jurisprudence; l'ancien droit n'a rien à faire ici, et il importe peu qu'il eût permis la stipulation de ce même droit en faveur du donateur et de ses héritiers; les anciennes règles ne sont donc pas à considérer, puisque la loi nouvelle n'autorise la stipulation du droit de retour qu'au profit du donataire seul. (Toulouse, 10 août 1820. — Devil. 20-2-320.)

L'usufruit et la nue propriété d'une même chose sont des biens distincts qui peuvent être légués ou donnés à des personnes différentes; aussi l'art. 899 déclare qu'il faut considérer comme valable « la disposition entre-vifs ou testamentaire par laquelle l'usufruit sera donné à l'un et la nue propriété à l'autre. » En apparence il paraît y avoir une substitution, car le donataire de la nue propriété n'entre en jouissance effective qu'après la mort du donataire de l'usufruit, de même que le substitué n'entre en jouissance qu'après la mort du grevé. Mais une différence profonde sépare la substitution de cette clause : il n'est pas, en effet, nécessaire que le donataire de la nue propriété survive au donataire de l'usufruit; l'usufruit s'éteindra par la mort de l'usufruitier. Le nu propriétaire recouvrera la jouissance par un des modes naturels d'extinction du droit d'usufruit (art. 617) et ne recevra pas l'usufruit des mains de l'usufruitier, puisque, par la mort de ce dernier, l'usufruit s'est évanoui et a disparu. Une deuxième différence, c'est que les donataires ou légataires devront être conçus, soit au moment de la donation, soit au moment de la mort du testateur (art. 906); cette condition n'est pas exigée quand il y a substitution.

Du principe posé par l'art. 899, il résulte que, sans qu'il y ait substitution, on peut faire nu propriétaires les enfants de celui auquel on a légué l'usufruit. —

De même, nous ne pensons pas qu'il y ait substitution dans la clause suivante : « Un testateur lègue l'usufruit de ses biens à son neveu Primus, et la nue propriété à ses enfants nés ou à naître ; mais il ajoute que, en cas de décès de son neveu sans enfants, il lègue la nue propriété à Secundus. » Et, en effet, de deux choses l'une : Ou Primus, lors du décès du testateur, a des enfants, ou il n'en a pas. S'il en a, ces enfants seront légataires de la nue propriété sous une condition résolutoire, qui est celle de leur décès avant leur père, et Secundus, de son côté, sera légataire sous la condition suspensive du même événement. Si au contraire il n'a pas d'enfants, le legs fait à ces enfants est caduc, et Secundus sera immédiatement légataire pur et simple de la nue propriété. (Poitiers, 21 juin 1825. — Devil. 25-2-429. — Cass., 20 janvier 1840. — Devil. 40-1-363.) Dans ces différentes hypothèses, on aperçoit les deux legs directs de l'usufruit et de la nue propriété. Primus ne pourra jamais avoir que l'usufruit, il n'est donc ni un grevé ni un substitué ; quant à ses enfants, ils ne peuvent pas non plus être considérés comme grevés envers Secundus, car le droit éventuel de Secundus sera anéanti par l'arrivée de la condition *si Primus décède avant ses enfants.*

Une autre hypothèse très-intéressante (citée aux cours de MM. Duverger et Bufnoir) fait l'objet d'une controverse entre la doctrine et la jurisprudence. Une testatrice avait fait la disposition suivante : « Dans le cas où mon petit-fils Emmanuel Lézé, né du mariage d'Emmanuel Lézé et de dame Louise Dureau, décédée, mourrait sans postérité, je veux qu'il soit réputé n'avoir recueilli qu'en usufruit sur sa tête la moitié de ma succession ; dans le même cas, je lègue la propriété de cette moitié sous condition suspensive à mes neveux et nièces qui la recueilleront par souches. — Si un ou plusieurs de mes neveux et nièces mouraient avant moi, laissant de la postérité, j'appelle celle-ci à prendre la place des père et mère. Il en résulte que mon petit-fils ne possédera la moitié de ma succession que sous condition résolutoire, savoir : qu'il mourra laissant de la postérité. »

La Cour de cassation a eu à statuer sur cette espèce et n'a vu dans ce testament que deux legs conditionnels distincts : l'un d'usufruit, l'autre de nue propriété. (Cass. 30 avril 1855. — D. 55-1-207.)

Cette doctrine ne doit pas être suivie, et la disposition du testament est entachée de nullité comme contenant une substitution. Décomposons cette clause, et examinons la position faite au petit-fils et aux neveux et nièces. Le petit-fils est, à la mort de la testatrice, propriétaire des biens légués, et il en conservera la propriété jusqu'à sa mort pour la rendre aux neveux et nièces, si ces derniers lui survivent. C'est bien là la position d'un grevé de substitution, chargé de rendre à des appelés pour lesquels on exige la condition de survie; ce n'est plus l'hypothèse prévue par l'art. 899, qui permet d'attribuer dès actuellement la nue propriété à un légataire et l'usufruit à un autre, puisque ce prétendu légataire d'usufruit est en même temps légataire de la nue propriété.

Nous pouvons ajouter que, si on admettait la doctrine de la Cour de cassation, il deviendrait impossible de distinguer une substitution d'un legs conditionnel, et il faudrait décider que toute substitution doit se décomposer en deux legs conditionnels distincts, ce qui amènerait, comme conséquence, la validité de toutes les substitutions. Cette interprétation ne peut se concevoir, puisqu'elle arrive à supprimer entièrement l'art. 896, et les substitutions seraient alors rétablies sous un autre nom; elles ne seraient plus qu'une affaire de mots, et par cela seul qu'on léguerait à l'un l'usufruit dès à présent et la nue propriété sous la condition résolutoire du décès du premier légataire en cas de survie du second légataire, et à ce dernier la nue propriété des mêmes biens sous la condition suspensive du prédécès du premier légataire, on arriverait, par une habileté de langage, en ne se servant pas du mot substitution, à faire valider un acte qui, au fond, est une véritable substitution.

L'arrêt de 1855, que nous combattons, ne doit donc pas être suivi en jurisprudence. Nous croyons que la Cour suprême a commis une erreur, et qu'elle s'est éloignée des véritables principes qui régissent les substitutions. Ces principes, nous les connaissons déjà; mais il en est un principal sur lequel on ne saurait trop insister. En général, les legs conditionnels sont licites (art. 1040); nous savons aussi que toute substitution est conditionnelle, et que cependant elle est prohibée (art. 896). Quel est donc le signe certain qui fera reconnaître une substitution d'un legs conditionnel? Le voici. Toutes les fois que, dans un legs conditionnel, l'époque de l'accomplissement de la condition à laquelle est subordonné le droit du second gratifié est la mort du second gratifié, la disposition est une substitution. Ce principe aurait dû être suivi dans l'arrêt ci-dessus, et nous n'aurions plus à craindre, dit M. Demolombe, qu'une rédaction plus ou moins habile ne servît de passe-port aux substitutions prohibées, du moins dans tous les cas où les appelés seraient conçus à l'époque du décès du testateur. (Voy. un article de M. Coin-Delisle, *Revue crit.*, année 1856, tome 9, p. 289. — Voy. aussi Metz, 5 fév. 1869. D. 69-2-226. — Lyon, 3 mars 1871; J. P. 1871, p. 520.)

Si, au lieu d'avoir légué, comme dans l'hypothèse précédente, l'usufruit dès à présent et la nue propriété sous condition résolutoire, le testateur a légué l'usufruit purement et simplement et la nue propriété sous condition suspensive, il est impossible de donner la même solution, et on doit voir dans cette disposition deux legs distincts, l'un d'usufruit, l'autre de nue propriété. Ainsi jugé qu'il n'y a point de substitution prohibée dans la disposition par laquelle un testateur, après avoir légué à une personne l'usufruit de ses immeubles, lui en lègue également la nue propriété sous la condition qu'elle laissera en mourant des enfants ou descendants, cette nue propriété étant, pour le cas contraire, attribuée à un tiers qui, dans l'intervalle, en est investi sous condition résolutoire. (Angers, 14 août 1872. D. 73-2-101; confirmé par Cass., 29 juillet 1873. — D. 74-1-52.)

De ce qui précède, il résulte que l'usufruit ne peut pas faire l'objet d'une substitution, cela n'a pas besoin de démonstration, et, malgré les objections tirées de la loi 3, Dig., *de usufructu*, et des anciens auteurs qui enseignaient qu'on pouvait substituer un droit d'usufruit, il faut tenir pour certain que ce système ne peut se concilier avec l'art. 896. Toute substitution exige le concours de deux gratifiés dont le premier transmettra éventuellement au second s'il meurt avant ce dernier; en conséquence, ce sera à l'héritier du grevé que le substitué, s'il survit, demandera la délivrance du legs. Dans notre espèce, ce résultat est impossible, puisque le droit d'usufruit est éteint par la mort du premier gratifié. Ce n'est donc pas comme substitué que le second légataire recueillera l'usufruit, c'est comme institué directement par le disposant, et il ne pourra, après la mort du premier usufruitier, s'adresser seulement qu'à l'héritier du substituant. Il n'y a donc pas de substitution; conséquences :

Si l'usufruit n'était légué que pour le cas de prédécès, soit des héritiers légitimes du disposant, soit d'un premier légataire de la pleine propriété, la disposition ne devrait pas être regardée comme une substitution.

Il en serait de même d'un legs conçu en ces termes : « Je lègue l'usufruit de mes biens à Primus et à Secundus, et après qu'ils auront recueilli, je veux que le survivant ait l'usufruit tout entier. »

Enfin il serait permis de léguer l'usufruit à plusieurs personnes appelées successivement à le recueillir; il faudra seulement que tous les légataires de l'usufruit soient conçus à l'époque du décès du testateur (art. 906), et l'usufruit ne durera pas plus que la plus longue vie du légataire survivant.

En principe donc, le legs d'usufruit ne peut contenir de substitution; mais il existe certaines tournures frauduleuses qui sont propres à déguiser l'intention de substituer. Parmi ces tournures frauduleuses figure celle par laquelle l'usufruit d'un fonds serait étendu à une série illimitée d'individus, par exemple : legs d'usufruit fait à perpétuité à une personne, à ses enfants et descendants. Comment concevoir une propriété perpétuellement séparée de l'usufruit sans voir en même temps une substitution indéfinie? La Cour de cassation, appelée à statuer sur cette question, avait d'abord considéré la disposition comme non entachée de substitution, et avait déclaré que ces legs de jouissance faits par le testateur à chacun des appelés ne pouvaient produire effet qu'à l'égard de ceux qui, au moins, étaient conçus au moment du décès du testateur (art. 906), que ces legs devaient être seulement déclarés nuls ou caducs à l'égard des descendants du légataire non encore conçus, et qu'en conséquence la nullité qui frappait ces derniers ne devait pas atteindre les autres. (Cass., 22 juillet 1835. — Devil. 35-1-641.)

Saisie de nouveau par un second pourvoi dans la même affaire, la Cour suprême revint avec raison sur sa première décision, et jugea qu'un tel legs était un véritable legs de propriété entaché de substitution fidéicommissaire (Cass , 24 mai 1837. — Devil. 37-1-817 ; Aix, 6 février 1833. — Devil. 35-1-641.)

Les principes qui viennent d'être exposés, relativement aux legs d'usufruit, s'appliquent parfaitement au legs d'une rente viagère fait à plusieurs personnes successivement, avec attribution du capital à une autre personne qui devra le recueillir après l'extinction de la rente. Cette clause renferme un legs de somme grevé d'usufruits successifs, et non une substitution prohibée. (Cass., 8 déc. 1852. — D. 53-1-218.)

Un legs de propriété fait à deux personnes ne peut produire accroissement que si un des colégataires ne recueille pas sa part, et, pour qu'une disposition ne contienne que l'expression d'un simple droit d'accroissement, il faut que le survivant ait été appelé à recueillir la part du prédécédé dans le cas où celui-ci serait décédé du vivant du testateur. S'il résultait de la clause que le testateur a eu en vue le cas où le légataire survivant devrait recueillir la part du colégataire dans le cas où ce dernier serait mort après le testateur, c'est-à-dire lorsqu'il aurait déjà recueilli, il y aurait alors une véritable substitution, et la disposition entière devrait être annulée. Au surplus, ce sont là des questions d'interprétation de volonté dont la solution appartient aux juges de fait; ainsi il a été jugé que la disposition : « Je lègue ma ferme à Primus et à Secundus, avec cette clause que, si l'un d'eux décède sans enfants, sa portion sera reversible au survivant, » ne contient pas une substitution prohibée, mais doit être considérée comme une substitution vulgaire (art 898) ou comme une stipulation du droit d'accroissement. (Cass., 10 nov. 1821. — Cass., 26 mars 1851. — D. 51-1-252.)

Les congrégations religieuses non reconnues, lorsqu'elles s'établissent, et pour éviter toute difficulté que pourraient élever les héritiers des membres qui les composent, emploient ordinairement une formule que Merlin (*Quest. de droit*, v° *subst. fidéic.*, § 4) qualifie de substitution. Plusieurs religieux achètent un bien en commun, et il est stipulé que la part des prémourants accroîtra aux survivants, de telle sorte que le dernier vivant doit réunir la totalité de la chose sur sa tête. Cette clause n'est pas une substitution et peut s'interpréter de deux manières tout à fait exclusives de l'idée de substitution. On peut soutenir, comme le fait M. Rolland de Villargues, n° 229, que la disposition est un contrat commutatif, un contrat aléatoire : « Chacun des contractants, dit-il, ne s'y propose que son propre intérêt et n'entend point accorder un bienfait à l'autre. La portion que chacun doit avoir en succédant à l'autre est l'équivalent et de celle qu'il a donnée et du risque qu'il doit courir. En un mot, la convention est entre les parties un jeu de loterie, une tontine, mais elle ne présente ni don ni libéralité; elle ne peut donc renfermer de substitution. » — D'un autre côté, on peut se rallier à l'opinion de la Cour de cassation qui, contrairement aux conclusions de Merlin (arrêt du 12 pluviôse an IX), a envisagé la clause comme renfermant deux dispositions directes : l'une, pure et simple de l'usufruit, au profit de chacune des parties; l'autre, conditionnelle de propriété, au profit seulement du dernier mourant.

Section II.

De l'interprétation des substitutions.

Dans le doute, la question de savoir si un acte renferme ou non une substitution prohibée doit se résoudre en un sens qui exclue l'idée de substitution. C'est l'application de la loi 12, Dig., *de reb. dubiis* : « In ambiguis decidi oportet ut magis valeat quam « pereat dispositio », dont le principe est aussi consacré par l'art. 1157 du Code civil. Il est, en effet, logique et raisonnable de présumer que le disposant a entendu faire un acte licite plutôt qu'un acte illicite, un acte valable plutôt qu'un acte nul; d'autant plus que la violation de la prohibition des substitutions entraîne pour sanction rigoureuse la nullité de la disposition tout entière. (V. Troplong.)

Mais lorsque la clause d'un testament est conçue en termes qui ne donnent lieu à aucune ambiguïté, et qui constituent une substitution prohibée, il ne serait pas permis au juge d'y voir autre chose qu'une substitution.

A côté de cette règle, il en est une autre qui veut qu'on s'en tienne au sens de la disposition plutôt qu'aux termes : « Ce n'est pas sur les mots, dit Proudhon (de l'usufruit, nº 446), mais sur les choses seulement que porte la prohibition générale de substituer; en conséquence, une disposition dont l'exécution entraînerait les effets d'une substitution n'en serait pas moins prohibée et nulle, lors même qu'on aurait voulu la déguiser sous une autre dénomination. »

De ces principes, passons aux applications.

Supposons un legs fait à une personne *et à ses enfants nés et à naître*. Quel est l'effet de cette disposition? Examinée très-fréquemment dans l'ancien droit, cette question, malgré une divergence entre Ricard et Furgole sur la vocation des enfants à naître (1), était résolue dans le sens d'un legs fait conjointement au père et aux enfants nés: les enfants nés étaient regardés comme compris dans l'institution et non pas dans la substitution. Aujourd'hui où le sens d'une substitution est moins facile à admettre qu'autrefois en présence de l'art. 896, il faut décider à plus forte raison que les enfants nés sont de simples légataires conjoints. Quant aux enfants non encore nés ou conçus lors du décès du testateur, il serait possible de les considérer comme de véritables substitués, s'ils se trouvaient dans l'un les cas où les substitutions seraient autorisées; mais, en dehors de cette hypo-

(1) Ricard (*Des Subst.*, part. 1, nº 542) pensait que les enfants à naitre viendraient partager avec leurs frères au fur et à mesure de leur naissance.

Furgole (Com. sur l'art. 19, tit. I, Ordon. de 1747) donnait, au contraire, à ces enfants non encore conçus la voie de la substitution fidéicommissaire, et leur vocation était suspendue jusqu'au décès du grevé. (V. aussi Faber, Cod., liv. VI, tit. VIII, défin. 9.

thèse, on doit regarder le legs comme non avenu à l'égard de ces enfants par application de l'art. 906 du Code civil. On peut objecter qu'en interprétant la disposition de cette manière, on va contrairement à la volonté du testateur qui a appelé d'une manière formelle les enfants à naître. Réponse : Cette volonté n'est pas exprimée assez clairement pour emporter substitution, et, cela est si vrai, qu'il est impossible de dire que le testateur, au moment de la confection de son testament, n'avait pas en vue, *par enfants à naître*, les enfants qui viendraient à naître après la confection de son testament, mais avant sa mort. (V. Cass., 7 décembre 1826. Devil. 27,1,85.) Cette décision est excellente et conforme au principe posé que, dans le doute, la convention doit toujours être interprétée dans le sens dans lequel elle peut avoir effet que dans le sens dans lequel elle ne peut en avoir aucun. (Art. 1157.)

J'institue Pierre, et, après lui, ses enfants. Y a-t-il substitution? Au point de vue de l'ancien droit, oui ; car le fidéicommis est favorable et on le suppose facilement. (Ricard, ch. 8, n° 548.) Au point de vue du droit actuel, non ; car il est possible que le testateur ait eu l'intention d'appeler les enfants pour le cas où leur père serait venu à mourir avant lui ; ces enfants se trouveraient donc appelés vulgairement. Si cette même disposition se présentait dans une donation entre-vifs, elle ne pourrait pas valoir comme substitution vulgaire, la vulgaire étant incompatible avec la donation entre-vifs, qui ne peut exister qu'avec l'acceptation du premier donataire, et où les mots *si Primus capere non possit* ne peuvent trouver d'application. (Troplong.)

Je lègue mes biens à Primus, et, s'il meurt sans enfants, je lui substitue Secundus. Qu'a entendu le testateur? A-t-il voulu parler du cas où l'un des légataires mourrait avant lui ou de celui où il mourrait après? Nous pensons que cette disposition doit être considérée comme une substitution vulgaire, et que des doutes ne sont pas suffisants pour faire tourner l'interprétation à l'annulation. La jurisprudence n'a pas de solution bien arrêtée, mais cela tient aux circonstances particulières dans lesquelles des espèces analogues sont intervenues. (Comp. Cass., 3 nov. 1824. Devil. 25, 1, 42 et Cass., 29 fév. 1864. D. 64, 1, 213.)

Quant à la clause : Je lègue mes biens à Primus, et si Primus ne se marie pas, je lui substitue Secundus ; il faut plutôt y voir un legs conditionnel accompagné d'une substitution vulgaire qu'une substitution fidéicommissaire. Le testateur a eu peut-être en vue que la condition s'accomplirait même après son décès, mais ce n'est là qu'une probabilité ; or, nous avons dit que la volonté simplement conjecturale ne suffisait pas pour établir une substitution, et qu'il fallait au contraire une volonté non équivoque et certaine. (Cass., 11 juin 1860. Devil. 60,1, 731.)

Si une disposition attaquée comme renfermant une substitution peut être considérée comme renfermant une disposition *de eo quod supererit*, on doit suivre cette dernière interprétation ; ainsi jugé, que le testament, par lequel le testateur, après avoir fait un legs à une personne, pour, par elle jouir, faire et disposer des biens légués, ainsi qu'elle avisera, ajoute que, en cas de décès du légataire sans enfants, il lègue les mêmes biens à une autre personne, renferme une simple disposition *de eo quod supererit*, et non une substitution prohibée. (Cass., 2 mars 1864. D. 64, 1, 214.)

La question de savoir si telle disposition présente, soit explicitement et d'après ses termes mêmes, soit implicitement et dans ses résultats, les éléments constitutifs d'une substitution, est de sa nature une question de droit et non une question de fait; il en résulte que les jugements rendus en pareille matière sont en général soumis au contrôle et à la censure de la Cour de cassation (Cass., 20 janv. 1852. Devil. 52, 1, 169), par exemple : si le juge maintenait comme valable une disposition qui réunirait les éléments d'une substitution.

Il peut y avoir aussi, en ces sortes d'affaires, des questions de fait dont l'appréciation appartient souverainement aux tribunaux ; c'est ce qui arrive lorsqu'une dispostion, étant susceptible de deux sens, le tribunal a déclaré qu'elle renfermait non une substitution fidéicommissaire, mais une substitution vulgaire ou deux legs distincts d'usufruit et de nue propriété. La question porte alors non pas sur le caractère juridique de la clause, mais bien sur l'appréciation, et ne constitue qu'une question d'interprétation échappant à la censure de la Cour de cassation. (Cass., 3 mai 1869. D. 69, 1, 254.)

Section III.
Preuve des substitutions.

Nous avons vu plus haut que la charge de conserver et de rendre ne peut constituer une substitution que si elle est exprimée d'une manière qui ne laisse aucun doute sur la volonté du testateur. Cette volonté a pu se manifester de bien des manières ; le testateur a pu l'écrire dans le testament ou la donation, il a pu l'écrire dans une simple lettre missive, il a pu l'exprimer verbalement devant des témoins; de là la question de savoir comment cette volonté a dû être manifestée pour qu'il en résulte une substitution viciant la disposition principale.

La question est vivement discutée en doctrine, et la jurisprudence peut fournir des arrêts pour et contre. (Comp. cass., 22 décemb. 1814. Devil. 15, 1, 174; — Cass., 20 janv. 1852. D. 52, 1, 289 ; — Cass., 14 juin 1865. D. 65, 1, 437.)

Deux systèmes sont en présence.

D'une part, on soutient que les héritiers du disposant sont admis à établir la preuve de la substitution par toutes sortes de présomptions, pourvu qu'elles soient graves, précises et concordantes. (Art, 1353.)

D'autre part, on prétend que la preuve d'une substitution ne peut résulter que d'un acte revêtu des formes de la donation entre-vifs ou du testament.

Quel système adopter?

MM. Demolombe (n° 172), Coin-Delisle (art. 896, n° 55), se rallient à la première opinion, et pensent que les moyens secrets à l'aide desquels le disposant grève ses biens de substitution produisent les mêmes effets que produirait la charge de conserver et de rendre si elle était exprimée dans l'acte. Leur principal argument est l'analogie complète qu'ils prétendent exister entre une substitution fidéicommissaire et un fidéicommis fait au profit d'un incapable au moyen d'une personne interposée ; or, quand il y a fidéicommis au profit d'un incapable, par interposition de personne (art. 911), il y a fraude à la loi, et cette fraude peut être prouvée par des moyens pris en dehors de l'acte, tels que des lettres missives, l'aveu du défendeur. Cela est universellement reconnu en doctrine et en jurisprudence. Cette assimilation, si elle existait réellement, aurait pour conséquence nécessaire l'admission de la preuve des substitutions par des moyens extrinsèques, mais nous pensons que cette assimilation manque d'exactitude : « Lorsqu'on attaque, disent MM. Aubry et Rau (tome VI, p. 33, à la note), une disposition comme étant faite à un incapable par le moyen d'une interposition de personne, on n'allègue pas l'existence de deux dispositions successives faites l'une au profit du donataire ou légataire apparent, et l'autre au profit d'un incapable : on soutient qu'il n'y a pas de disposition sérieuse au profit du donataire ou légataire ostensible, et que la donation ou le legs est uniquement fait en faveur d'un incapable. Il est tout naturel dès lors qu'on soit, en pareil cas, admis à prouver, par toutes sortes de preuves, l'interposition de personne, puisqu'il ne s'agit après tout que d'établir le but réel d'une disposition dont les parties ont frauduleusement dissimulé la véritable destination. Lorsqu'au contraire on attaque une donation ou un legs comme renfermant une substitution, on allègue l'existence de deux dispositions distinctes et successives, l'une au profit du grevé, l'autre au profit de l'appelé; et si, au lieu de rapporter un acte régulier en la forme qui établisse cette dernière disposition, le demandeur convient qu'il n'existe pas de pareil acte, sa demande doit, par cela même, être rejetée. »

On peut ajouter à cette argumentation que le système contraire conduit à une conséquence bizarre qui est encore inconnue en droit : la substitution, nous le savons, exige deux donations successives, et l'appelé tient ses droits du donateur, mais par l'intermédiaire du grevé ; or, pour que la deuxième transmission puisse résulter soit de la donation, soit du legs, ne faut-il pas qu'elle se manifeste sous une forme susceptible de servir de titre au substitué ? Il est évident que, s'il n'existe aucun titre, et que le grevé redonne volontairement à l'appelé, ce dernier tiendra ses droits du grevé et non plus du donateur ; il n'y aurait plus substitution, puisqu'il n'y aurait pas de seconde transmission. Mais, en supposant un titre, que peut-il être ? Ce titre ne peut être qu'un acte revêtu des formes de la donation ou du testament ; hors de là, pas de titre ayant force obligatoire, sous peine d'arriver forcément à conclure qu'une libéralité peut être faite par lettre missive et même verbalement. Que fait-on, nous le demandons alors, des art. 931, 967 et suivants ?

Il est d'ailleurs un principe incontesté et admis de part et d'autre : c'est que les substitutions, dans les cas où elles sont permises, ne seraient pas susceptibles d'être prouvées autrement que par la donation ou le testament ; la substitution, en effet, est une disposition à titre gratuit, et l'art. 893 n'autorise à disposer à titre gratuit que dans certaines formes exigées par la loi ; permettre d'établir une substitution permise par présomptions ou témoins, ce serait permettre d'établir un testament ou une donation par les mêmes moyens ; or, de même qu'une substitution exceptionnellement permise ne peut être efficace qu'autant que la double disposition faite au profit tant du grevé que du substitué se trouve établie par un acte revêtu des formalités prescrites pour les dispositions à titre gratuit, de même on ne peut attaquer une donation ou un legs renfermant une substitution prohibée, qu'autant que la charge de conserver et de rendre a été imposée par un acte passé dans les formes exigées pour la validité des dispositions entre-vifs ou testamentaires. (Aubry et Rau, *loc. cit.*)

En ce sens : Limoges, 11 janvier 1841. Devil. 41,2,265. Note de M. Beudant insérée sous arrêt de Paris du 23 janv. 1869. D. 69-2-121.

En sens contraire : Consultation de MM. Demolombe, Valette et Allou.

L'arrêt de la Cour de Limoges, qui a admis la doctrine qui vient d'être établie, peut être critiqué dans un de ses considérants. Après avoir rappelé que le substitué ne peut avoir de droit contre le légataire que si l'obligation imposée à l'institué lui donne un titre, l'arrêt ajoute que s'il en était autrement (c'est-à-dire si la substitution pouvait être prouvée par toute espèce de moyens), ce serait ouvrir la porte à tous les genres de fraude, car il dépendrait (en supposant une aliénation par le légataire grevé verbalement, aliénation faite avant que la substitution eût été annulée) toujours du vendeur de donner une déclaration de laquelle il résulterait que les biens, par lui vendus, étaient grevés de substitution, et de donner à cette déclaration la date qu'il voudrait. Ce considérant n'a aucune valeur pour l'opinion que nous soutenons, et il manque de justesse ; nous croyons que les tiers qui auraient traité de bonne foi avec le grevé ne pourraient pas être inquiétés lorsqu'on viendrait, après l'aliénation, demander à faire la preuve par témoins que le legs était entaché de nullité comme contenant une substitution. (Arg. de l'art. 1321.)

M. Rolland de Villargues, n° 301, fait remarquer

avec raison que si l'acte renfermant la substitution avait été soustrait ou perdu, on pourrait permettre de prouver par témoins l'existence de l'acte et de la substitution, et même exiger le serment du grevé. Les art. 1348 et 1353 seraient applicables.

Section II.

De la nullité de la substitution et des effets de cette nullité quant aux autres dispositions du même acte.

L'art. 896, après avoir, dans son premier alinéa, prohibé en principe les substitutions, s'occupe ensuite, dans le second paragraphe, de la sanction de cette prohibition; c'est cette sanction que nous avons encore à étudier pour en avoir fini avec les substitutions prohibées.

Le second paragraphe de l'art. 896 est ainsi conçu : « Toute disposition par laquelle le donataire, l'héritier institué ou le légataire, sera chargé de conserver et de rendre à un tiers, sera nulle, même à l'égard du donataire, de l'héritier institué ou du légataire. »

A première vue, et à la simple lecture de cet article, on aperçoit immédiatement que la loi a voulu déclarer nulle la disposition tout entière, c'est-à-dire non-seulement la substitution mais aussi la première institution. On a toutefois, dans l'origine de la promulgation du Code civil, soutenu que l'art. 896-2° n'avait annulé que la substitution, et que la nullité concernant les substitutions n'était que l'application de l'art. 900 sur les conditions illicites. Dans cette opinion, on expliquait *même à l'égard du donataire*, etc.... en disant que le donataire serait affranchi de toute charge de rendre et que la nullité pourrait être exercée par le grevé et ses héritiers, et cela, disait-on, est conforme au reste de l'article qui montre bien par les mots *toute disposition par laquelle.... sera chargé de rendre* que c'est seulement sur la charge de rendre ou sur la disposition formant cette charge que porte la nullité, et non sur l'institution elle-même. On invoquait aussi à l'appui de cette doctrine la loi de 1792, qui n'avait annulé que la substitution.

Cette interprétation n'a pas réussi, et nous n'hésitons pas un instant à la repousser; sans vouloir nous arrêter sur cette explication des termes de l'art. 896, explication qui n'est vraiment pas sérieuse, nous n'avons pour démolir cette théorie qu'un argument à présenter. Aux termes des art. 1049 et 1050, *les dispositions avec charge de rendre* ne seront valables qu'autant que la charge de restitution sera au profit de tous les enfants; il en résulte que, si ces dispositions ne sont valables qu'exceptionnellement, elles sont nulles hors des cas précisés par ces articles. L'art. 896 ne proscrit donc pas seulement la charge de rendre, il proscrit également la disposition dont la charge de rendre forme la condition (Toulouse, 10 août 1820.— Devil, 20, 2, 320).

Nous voici bien loin des principes posés par l'article 900, qui déclare non écrites toutes les conditions illicites. Pourquoi, dans l'art. 896, le législateur s'est-il écarté de ces règles? Deux motifs nous en sont donnés par M. Bigot-Préameneu. Le premier, c'est que le législateur, au moyen de cette énergique sanction, a cru mieux assurer l'efficacité d'une prohibition contre laquelle des habitudes traditionnelles et des idées opiniâtres devaient lutter pendant longtemps; il a voulu, comme le dit très-bien M. Coin-Delisle (article 896, n° 42), couper les substitutions *jusque dans leur racine*. Le second, c'est qu'il est impossible de dire, dans une substitution, quel est celui du grevé ou du substitué que le testateur a préféré; en annulant la charge de rendre, cette annulation n'aurait profité qu'au grevé et la loi se serait alors exposée à intervertir les intentions du disposant.

Des motifs par lesquels l'art. 896 vient d'être expliqué, il résulte que les dispositions, entachées de substitution, doivent être déclarées nulles. Cette règle est certaine, mais, en pratique, elle soulève des difficultés.

Prenons quelques exemples :

Je lègue ma ferme à Primus, et je le charge de la conserver et de la rendre, à sa mort, à Secundus. La disposition entière doit être déclarée nulle, car les deux donations forment ici une disposition indivisible. La même solution s'appliquerait à l'hypothèse d'un legs universel grevé de substitution sur tous les biens.

De même il n'y aurait aucune difficulté si le testateur, après avoir fait un legs universel grevé de substitution, avait fait, dans le même testament, un legs particulier au profit d'une personne sans aucune substitution; nous déclarerons nul le legs universel, mais cette nullité n'entraînera, en aucune façon, la nullité du legs particulier qui sera acquitté par l'héritier *ab intestat*.

Changeons l'hypothèse et supposons que le légataire universel soit grevé de substitution, mais seulement pour la moitié des biens, par exemple : Je lègue à Primus la totalité de mes biens et je le charge d'en conserver et d'en rendre, à la mort, la moitié à Secundus. Les auteurs commencent à n'être plus d'accord, et M. Coin-Delisle (n° 44) penche pour la nullité du legs universel. Il fait remarquer que l'un des motifs du législateur, en annulant l'institution principale et la substitution, a été la crainte d'altérer la volonté du donateur; or, dans l'exemple cité, qui oserait affirmer que le testateur aurait donné à Primus la moitié de ses immeubles, s'il avait eu la pensée que la seconde moitié ne parviendrait pas à l'appelé? Il ajoute à ces motifs que, dans l'espèce, la disposition, étant unique, est indivisible et que, comme telle, elle doit être annulée dans son entier. Si le testateur avait commencé par donner tous ses immeubles, et qu'une clause détachée de la première en eût prescrit la charge d'en rendre la moitié, la substitution n'aurait annulé dans la disposition principale qu'une quantité égale à la quantité substituée. La raison qui fait donner à M. Coin-Delisle des solutions différentes dans ces deux hypothèses, c'est que, dans la dernière, il résulte du texte que la volonté du testateur n'a pas été d'imposer la charge de rendre comme condition du legs de la totalité des biens. Cette doctrine est aussi enseignée par MM. Marcadé (art. 896, n° 8) et Meyer (Thémis, tome VI, p. 35).

Cette doctrine est inadmissible, et la disposition principale ne doit être annulée que jusqu'à concurrence de la moitié. La loi, en effet, en déclarant nulle la disposition, n'a voulu annuler que celle qui est constitutive de la substitution, celle dans laquelle le grevé et le substitué sont appelés *sur les mêmes biens* (Caen, 2 décemb. 1847. Devil. 49, 2, 193).

Toute substitution, pour qu'elle puisse se former, exige un moment où les deux libéralités doivent coexister simultanément, et ce n'est que dans le cas où il y aura cette simultanéité d'existence que l'on devra annuler la substitution et la disposition. Conséquence : si une des deux dispositions est affectée d'un vice quelconque, soit de forme, soit de fond, l'autre disposition produira tout son effet. Est-ce la substitution qui est nulle? L'institution est alors une libéralité pure et simple. Est-ce l'institution qui est nulle? La substitution prend le caractère d'une libéralité directe. Vainement objecterait-on que la substitution, n'étant qu'un accessoire de la disposition en premier ordre, doit crouler comme celle ci. Cette objection pèche par sa base, car il n'est pas vrai que la substitution ne soit que l'accessoire de l'institution; l'une et l'autre de ces dispositions sont également principales, en ce sens du moins que l'institution ne peut être considérée comme le fondement sur lequel repose la substitution. La relation qui existe entre ces deux dispositions ne concerne que le mode d'exécution et non l'existence de la substitution (Aubry et Rau, tome VI, p. 31).

Que faut-il décider en ce qui concerne la caducité dont l'une des dispositions seulement aurait été atteinte? par exemple : le grevé ou le substitué est mort ou ne veut pas accepter la libéralité.

Une distinction importante doit être faite suivant que la caducité est antérieure ou postérieure au décès du testateur.

Dans le premier cas, la caducité de l'une des dispositions rendra valable l'autre disposition. C'est ce qui a été jugé par la Cour de Paris, le 19 juillet 1870 (D. 1870, 2, 215) : « Considérant que le légataire universel étant mort avant le testateur, il est superflu de rechercher si la libéralité dont il était l'objet, présentait réellement les caractères d'une substitution fidéicommissaire; que le prédécès du légataire institué à charge de substitution du testateur a, en effet, pour conséquence, de donner ouverture aux droits des appelés au moment même de la mort de ce dernier, dans la succession duquel ils prennent directement les biens à eux légués; que, dès lors, les vices de la disposition primitive sont purgés, et qu'il ne reste plus qu'une institution pure et simple parfaitement régulière..... »

La solution devrait être la même lorsque la charge de conserver et de rendre est imposée à un légataire, sous la condition qu'il ne se marierait pas ou qu'il mourrait sans enfants, et lorsque cette condition ne s'est pas réalisée du vivant du testateur; par exemple : le légataire s'est marié (Cass., 26 fév. 1855. D. 55, 1, 229). En sens contraire; M. Bertauld, *Revue prat.*, t. XII, p. 469.

En sens inverse, si le substitué était mort avant le testateur, nous devrions décider que le premier gratifié recueillera la libéralité comme une disposition pure et simple.

Dans le second cas, c'est-à-dire lorsque la caducité est postérieure au décès du testateur, cette caducité n'amène aucun résultat, et la disposition n'en doit pas moins être déclarée nulle dans toutes ses parties. Il en résulte que la renonciation que ferait le grevé ou le substitué n'aurait aucune valeur; cela nous paraît évident, car la répudiation n'empêche pas que le concours de l'institution et de la substitution n'ait réellement existé au décès du testateur; de plus, ni le grevé, ni le substitué ne pourraient réclamer l'exécution de la libéralité qui leur a été faite; leur prétendue renonciation ne s'applique donc à rien! « *Quod quis se velit habere non potest, repudiare non potest.* » (V. Rol. de Villarg.)

Nous avons maintenant à nous demander quel serait l'effet d'une clause pénale contre les héritiers pour le cas où ils attaqueraient le testament comme renfermant une substitution; par exemple : le testateur, après avoir fait une substitution, ajoute que, si l'héritier attaque cette substitution, il le prive de sa succession et donne ses biens à un étranger. — Cette clause pénale doit être considérée comme non écrite et n'a aucune valeur. L'admettre, ce serait permettre au testateur de lutter contre la loi, et lui donner un moyen détourné par lequel il ferait valoir des dispositions que le législateur considère comme contraires à l'ordre public (Cass., 30 juillet 1827. Devil. 28, 1, 36).

Si le testateur avait déclaré que, si la clause par lui ajoutée à l'institution présentait le caractère d'une substitution, il la tenait pour non écrite, il ne faut plus donner la même solution et il faut, au contraire, respecter la volonté du *de cujus;* par cette clause finale, le testateur montre bien qu'il veut obéir à la prohibition de la loi, puisqu'il annule la substitution qu'il vient d'écrire; on ne trouve plus ici, comme dans la précédente hypothèse, *cet esprit d'arrogance qui n'a d'autre but que de détruire la loi.* (Ricard. *des donat.*, 3ᵉ p., nº 1543). Cette déclaration fait disparaître, pour l'institué, toute obligation même morale de conserver et de rendre, puisqu'elle manifeste l'intention du testateur, de préférer l'institution à la substitution au cas où elles ne pourraient avoir effet l'une et l'autre. La charge de conserver et de rendre est donc ramenée à un simple vœu (Cass., 25 mai 1869. J. P. 69, p. 1208), et il est de principe que la disposition testamentaire, qui n'impose pas cette charge d'une manière impérative, n'est pas une substitution prohibée. (V. Cass., 5 décemb. 1865. D. 66, 1, 37.)

A qui appartient le droit de demander la nullité de la disposition?

Un point certain, c'est que ce droit appartient seul à l'héritier légitime, contre un légataire particulier ou contre un légataire à titre universel grevé de substitution, et aussi contre un légataire universel quand ce légataire est chargé de rendre à sa mort l'universalité des biens légués.

La difficulté apparaît lorsque le testateur a mis à la charge d'un legs universel non grevé de substitution, un legs particulier grevé de substitution. Dans cette hypothèse, est-ce à l'hériter légitime ou au légataire universel qu'appartient le droit de demander cette nullité? La question est controversée en doctrine et la Cour de cassation, appelée à la juger, s'est prononcée contrairement à un arrêt de la Cour de Caen.

Laissons de côté, tout d'abord, une hypothèse qui se rapproche beaucoup de celle que nous allons discuter. Si le testateur, après avoir institué un légataire universel, fait ensuite un legs particulier grevé de substitution, il est évident que la nullité de la substitution profitera au légataire universel, et que l'héritier du sang ne pourra prétendre même à l'objet substitué; cela est évident, disons-nous, car l'institution universelle est tout à fait distincte et indépendante de la disposition fidéicommissaire, qui ne lui ôte aucune partie de sa force (Cass., 24 mai 1837. Devil. 37, 1, 817).

L'hypothèse sur laquelle existe la controverse est celle-ci : je lègue à Primus l'universalité de mes biens, et je le charge de conserver ma terre de....., et de la rendre à Secundus.

La Cour de Caen, appelée le 21 juillet 1860 à se prononcer sur cette question, l'a résolue en faveur du légataire universel, c'est-à-dire, que c'est à ce dernier et non à l'héritier légitime qu'appartient seul le droit de demander la nullité de la substitution contenue dans la disposition. Cet arrêt qui a été cassé par la Cour suprême, le 6 janvier 1863, est, selon nous, la véritable doctrine exacte, et nous n'hésiterions nullement à juger comme la Cour de Caen. — Aux termes de l'art. 1003, le legs universel a pour objet l'universalité des biens, et cette universalité comprend tous les biens sans exception, même ceux dont le testateur n'a pas disposé et qui, sans le legs universel, se seraient trouvés dans sa succession *ab intestat*. Mettant à la charge du légataire universel un legs particulier grevé de substitution, le testateur fait retomber dans sa succession *ab intestat* ce legs particulier, et, conséquemment, c'est le légataire universel qui doit profiter de la nullité de la substitution particulière. Cette déduction semble irrésistible. « Admettons, cependant, qu'on la méconnaisse, dit M. Demolombe, dans sa consultation insérée sous l'arrêt du 21 juillet; que fera-t-on alors? qu'attribuera-t-on aux héritiers *ab intestat?* Il faut nécessairement que ce soit l'une des deux choses, ou le legs universel tout entier, ou seulement la chose grevée de substitution.

Attribuer aux héritiers le legs universel tout entier! cela n'est pas sérieusement proposable. Leur attribuer seulement l'objet substitué! mais alors le legs universel ne comprend donc plus l'universalité des biens; il n'a donc plus les effets et la vertu légale du legs universel !

Maintenant à quel titre les héritiers *ab intestat* recueilleront-ils l'objet substitué? comme successeurs à titre universel! Mais, c'est impossible en présence du legs universel (art. 1003 et 1006). Comme successeurs à titre particulier? Mais, qu'est-ce que des héritiers à titre particulier. »

On objecte à cette doctrine le texte de l'art. 896; d'après cet article, la disposition qui concerne le grevé doit être annulée. Or, permettre au grevé, légataire universel, de profiter de la nullité du legs particulier grevé de substitution, ce n'est plus annuler, c'est effacer simplement la charge de rendre; l'art. 896 est donc violé! Nous pensons qu'on exagère la portée de cet article et, suivant nous, la disposition relative au grevé ne doit être annulée que si le grevé, en tant que grevé, doit en bénéficier; mais, du moment où le grevé a un autre titre que celui de grevé, a le titre de légataire universel, l'art 896 ne doit pas s'appliquer. Dira-t-on que si cette doctrine est admise, il est à craindre que les testateurs n'instituent un légataire universel, afin d'enlever aux héritiers *ab intestat* le droit d'attaquer les substitutions, et de soustraire ces dernières à la nullité? Nous répondons que, dans notre interprétation, nous exigeons un legs universel sérieux et sincère, qui soit le résultat d'une volonté indépendante de la substitution ; le testateur n'a-t-il pas alors, en déclarant préférer le légataire universel à son héritier légitime, voulu que le premier profitât, à l'exclusion du second, des caducités qui pourraient advenir. Cette déclaration est parfaitement valable parce qu'il est certain que la validité de l'institution n'est pas subordonnée à celle de la substitution. Ceci est un point constant en doctrine et en jurisprudence (Cass., 3 mars 1857. D. 57, 1, 198). On objectera peut-être que cette solution conduit forcément le légataire universel à exécuter la substitution par honneur et conscience, et que, dès lors, on méconnaît les motifs qui ont poussé le législateur à annuler la disposition même au profit du légataire institué?

Ce motif n'est pas le motif principal qui a fait voter l'art. 896. Les substitutions ont été prohibées à cause des inconvénients résultant de l'inaliénabilité des biens; eh bien! cette inaliénabilité n'existe pas ici, car, la substitution étant nulle, l'objet qui forme le legs particulier entaché de substitution reste parfaitement aliénable et susceptible d'hypothèque. «Personne ne sera trompé, écrit M. Labbé, pour avoir regardé ce bien comme un élément de la solvabilité de son propriétaire; personne ne verra s'évanouir à son détriment un droit conféré sur ce bien. Le grevé se croira peut-être obligé en conscience à transmettre le bien à l'aîné de ses enfants, comme le lui avait prescrit le disposant; il ne le pourra que dans les limites de la quotité disponible; il aura le caractère et les droits d'un donateur; ce sera un acte entièrement libre de sa part, et si l'inégalité entre ses enfants n'est point conforme à ses sentiments personnels, il pourra rétablir l'égalité en disposant de sa fortune propre. Mettons les choses au pire; il se conforme aux intentions de celui qui l'a gratifié et il assure à l'aîné de ses enfants, avec les valeurs substituées, un avantage sur les autres dans la mesure du disponible. Voilà le danger, voilà le mal! Quel remède la loi apporte-t-elle à ce mal de l'inégalité entre les enfants d'un même père? Le dépouillement entier du légataire et de sa famille, et l'attribution du bien grevé aux héritiers *ab intestat*. L'inégalité froissait les puînés; l'égalité dans la misère ou au moins dans la privation apaisera tout sentiment d'envie, et entretiendra la concorde entre frères. Est-ce sérieux? est-ce digne du législateur? »

Reconnaissons donc que la Cour de Caen a admis la doctrine la plus juridique, en décidant que c'est au légataire universel qu'appartient le droit de demander la nullité du legs particulier entaché de substitution.

En ce sens, Caen, 21 juillet 1860. D. 61, 2, 107. Voy. sous cet arrêt, une consultation de M. Demolombe. Voyez aussi une note de M. Labbé, insérée J. P. 1863, p. 225.

En sens contraire, Cass., 6 janvier 1863. D. 63, 1, 43; Cass. req., 16 mars 1874; *Gaz. des Trib.*, du 18 mars 1874.

SECONDE PARTIE

Des substitutions permises.

La loi, après avoir prohibé les substitutions, nous annonce dans les articles 896 et 897 deux exceptions à ce principe. La première, relative aux majorats, nous est déjà connue, et les développements que nous avons donnés nous permettent de n'y plus revenir. La seconde, que nous avons aussi mentionnée, se trouve écrite dans l'art. 897, qui renvoie aux articles 1048 et suivants : « Sont exceptées des deux premiers paragraphes de l'article précédent (art. 896) les dispositions permises aux pères et mères et aux frères et sœurs, au chapitre VI du présent titre. » Cette exception, dont l'étude formera la seconde partie de notre thèse, n'a pas été elle-même sans recevoir de profondes modifications par la loi du 17 mai 1826; mais cette loi fut elle-même abolie par celle du 7 mai 1849, et les substitutions permises sont aujourd'hui replacées sous la législation du Code de 1804 et suivant les art. 1048 et 1052.

Les articles 1048 et suivants autorisent les pères et mères à faire au profit d'un ou de plusieurs de leurs enfants, et les frères et sœurs, s'ils meurent sans enfants, au profit d'un ou de plusieurs de leurs frères et sœurs, une donation ou un legs avec charge de conserver et de rendre à tous leurs enfants indistinctement, nés ou à naître.

Remarquons que la loi évite avec soin de se servir du mot *substitution*, mot qui, en rappelant les institutions de l'ancien régime, aurait pu blesser les susceptibilités nationales. Mais il n'en est pas moins certain que ces dispositions, permises en faveur des petits-enfants du donateur ou testateur ou des enfants de ses frères et sœurs, sont de véritables substitutions. Les articles 1051 et 1053 parlent du *grevé* et des *appelés*, et nous savons que ces termes ne sont employés que dans les substitutions fidéicommissaires; de plus, les articles contenus dans le chapitre VI reproduisent à peu de chose près ceux de l'ordonnance de 1747, qui avait bien en vue de véritables substitutions. Enfin M. Bigot-Préameneu, tout en reconnaissant que la disposition était une substitution, s'est efforcé d'en atténuer le caractère : « On voit, dit-il, que la faculté accordée aux pères et mères de donner à un ou plusieurs de leurs enfants tout ou partie des biens disponibles, à la charge de les rendre aux petits-enfants, a si peu de rapport avec l'ancien régime des substitutions, qu'on ne lui en a pas même donné le nom. *C'est une substitution*, en ce qu'il y a une transmission successive de l'enfant donataire aux petits-enfants. Mais cela est contraire aux anciennes substitutions, en ce que l'objet de la faculté donnée aux pères et mères et aux frères n'est point de créer un ordre de succession et d'intervertir les droits naturels de ceux que la loi eût appelés, mais plutôt de maintenir cet ordre et ces droits en faveur d'une génération qui en eût été privée. Dans les anciennes substitutions, c'était une branche qui était préférée à l'autre; dans la disposition nouvelle, c'est une branche menacée et que l'on veut conserver. » (Locré, tome XI, p. 412.) Les substitutions qui ont passé dans notre Code ont donc changé de caractère : loin de servir à fonder comme autrefois une aristocratie dans la famille et de laisser à l'aîné seul le moyen de soutenir la grandeur de ses aïeux, elles sont aujourd'hui établies dans un but égalitaire et essentiellement humain. La loi donne au chef de famille le moyen de préserver ses petits-enfants de la misère, en lui permettant d'assurer à ces derniers une partie de sa fortune, que l'inconduite ou la prodigalité de leur père aurait pu réduire à néant.

Lors de la confection du Code, plusieurs projets tendant à arriver à ce résultat furent discutés devant le conseil d'État, et ce ne fut qu'après bien des essais et des discussions délicates qu'on en vint à préférer le système actuel.

On avait proposé tout d'abord de revenir à la législation romaine, qui permettait aux pères et mères de déshériter leurs enfants lorsque ceux-ci se rendraient indignes de leurs bienfaits; mais cette proposition, bien que les causes d'exhérédation, qui étaient au nombre de quinze sous Justinien (Nov. 115), fussent réduites à quatre sur les observations de la Cour de cassation, fut rejetée pour deux motifs : le premier, qu'on ne devait pas accorder à un père l'exercice d'un droit fondé sur des faits qui, bien prouvés, pouvaient faire prononcer contre l'enfant des peines afflictives; le second, qu'il était injuste de punir les petits-enfants pour la faute de leur père. On mit alors en discussion une autre combinaison tirée de la loi 16, Dig., *de curat. fur.* Cette disposition était appelée *exhéréda-*

tion officieuse, parce qu'elle n'était pas considérée comme une peine contre l'enfant qui en était l'objet, mais comme une mesure de prévoyance, d'affection et de bienveillance. Elle avait, sur l'exhérédation romaine, le double avantage d'assurer des moyens d'existence à un fils dissipateur et d'empêcher que, par suite de sa prodigalité, il ne réduisît ses enfants à l'indigence. Elle permettait aux père et mère de laisser seulement à leur fils prodigue l'usufruit de sa portion et d'en donner la propriété à ses enfants nés ou à naître. Le fils ainsi exhérédé ne pouvait demander la distraction de sa légitime.

Pour que cette exhérédation produisît son effet, trois conditions étaient exigées : 1° la dissipation du fils devait être notoire ; 2° elle devait être encore subsistante à l'époque de la mort du père ou de la mère, d'où il résultait que l'exhérédation ne pouvait être faite que par testament ; 3° enfin la cause de la disposition devait être positivement exprimée, et il n'aurait pas suffi que les parents l'eussent motivée vaguement sur bonnes et justes causes à eux connues. Cette déclaration vague n'eût pas privé l'enfant du droit de demander sa légitime. (Favard, mot *Exhéréd.*)

Ce système fut d'abord adopté dans la discussion du titre : *De la puissance paternelle*, et on en avait fait la matière d'un chapitre second, intitulé : *De la disposition officieuse.* (Mallevile, tome II, p. 499.) Toutefois ce projet fut ajourné jusqu'à la discussion du titre des Donations et Testaments. Quand on le représenta dans la discussion de ce titre, il souleva des objections tellement graves, qu'il fut définitivement écarté. Ne portait-il pas atteinte à la réserve en donnant seulement au fils l'usufruit de cette réserve? Ne forçait-il pas le père à proclamer lui-même son fils dissipateur? Enfin ce système n'aurait-il pas été la source de procès scandaleux entre enfants qui viendraient déshonorer la mémoire de leur père en l'accusant d'avoir été injuste à leur égard? Ces motifs firent repousser l'exhérédation officieuse, et le premier consul proposa alors la substitution (sans en employer le mot) telle qu'elle est organisée par les articles 1048 et suivants. Le système nouveau, n'affectant que la quotité disponible (art. 1048 et 913), a l'avantage de respecter la réserve des enfants, et il est assurément meilleur que tous ceux qui avaient été proposés au moment de la confection du Code civil. Il n'est pas cependant à l'abri de toute critique, et, lorsque le disposant a plusieurs enfants, il a l'inconvénient de faire réduire les enfants dont la conduite est irréprochable; la réserve, en effet, appartenant en toute propriété à l'enfant prodigue, il en résultera certainement qu'elle ne lui profitera pas et qu'elle ne parviendra jamais à ses enfants. Le disposant, pour établir l'égalité entre ses enfants, est donc forcé d'attribuer la quotité disponible précisément au fils dont il a à se plaindre. Singulier résultat : la prodigalité et la dissipation peuvent devenir des titres à la libéralité des père et mère! (Demol.)

Ajoutons que les biens substitués peuvent être saisis par les créanciers du grevé, et que dès lors ce mode de disposition n'empêchera nullement le fils prodigue de tomber dans la misère la plus profonde.

Abordons maintenant l'explication des articles relatifs aux substitutions permises. Nous diviserons notre sujet en deux chapitres : premier chapitre, *Dans quels cas et sous quelles conditions les substitutions fidéicom-*

missaires sont permises; second chapitre, *Effets des substitutions permises.*

Observation.

La loi, dans deux cas spéciaux, autorise les substitutions; en principe, elle les prohibe. Les libéralités contenues dans le chapitre VI s'adressent à des personnes qui ne sont ni nées ni conçues au moment de la donation ou du décès en cas de testament; ce qui est une dérogation au principe général posé dans l'article 906. Ces dispositions sont donc exceptionnelles à ces deux points de vue; la conséquence que nous avons à en déduire, c'est qu'elles doivent être renfermées rigoureusement dans les termes des articles qui les autorisent.

CHAPITRE PREMIER.

DANS QUELS CAS ET SOUS QUELLES CONDITIONS LES SUBSTITUTIONS FIDÉICOMMISSAIRES SONT PERMISES.

Les articles 1048 et 1049 sont ainsi conçus :

Art. 1048. Les biens dont les père et mère ont la faculté de disposer pourront être par eux donnés, en tout ou en partie, à un ou plusieurs de leurs enfants, par actes entre-vifs ou testamentaires, avec la charge de rendre ces biens aux enfants nés et à naître, au premier degré seulement, desdits donataires.

Art. 1049. Sera valable, en cas de mort sans enfants, la disposition que le défunt aura faite par acte entre-vifs ou testamentaire, au profit d'un ou plusieurs de ses frères ou sœurs, de tout ou partie des biens qui ne sont pas réservés par la loi dans sa succession, avec la charge de rendre ces biens aux enfants nés ou à naître, au premier degré seulement, desdits frères ou sœurs donataires.

§ 1er. — *Personnes qui peuvent substituer.*

Les articles 1048 et 1049 annoncent que le disposant doit être *le père ou la mère*, *le frère ou la sœur* du grevé. Hors de cette catégorie, il semble bien que le droit de créer une substitution ne puisse appartenir à d'autres personnes. Ce point a paru cependant à quelques auteurs faire difficulté, et, sans tenir compte de l'expression *père et mère* employée par l'art. 1048, ils soutiennent que par le mot *enfants* le législateur a compris non-seulement les enfants, mais aussi tous les *descendants*, de telle sorte qu'il serait permis au grand-père de donner à son petit-fils avec charge de restitution au profit de ses arrière-petits-enfants. Ils s'appuient sur l'art. 914, qui, disent-ils, pose en principe que le mot *enfants* comprend ordinairement les *descendants*. Si ce principe était exact, pourquoi l'article 914 prendrait-il la peine de dire que, dans le cas de l'article précédent, le mot *enfants* comprend *les descendants*? C'est donc que dans les autres cas il n'en est pas de même. (V. art. 1075.) L'intitulé du chapitre ne laisse d'ailleurs aucun doute à cet égard : Des dispositions permises en faveur *des petits-enfants*, mais non en faveur des arrière-petits-enfants! Ajoutons que la discussion au conseil d'État constate que le législateur n'a eu l'intention d'accorder le droit de substituer qu'aux *père et mère ;* le Tribunat, en effet, avait proposé d'ajouter aux mots « pères et mères, enfants, » ceux-ci : « et autres ascendants..... descendants. » (Locré, tome XI, p. 329.) Cette proposition n'ayant pas eu de suite, il faut s'en tenir strictement aux termes de l'art. 1048. — Au point de vue économique, notre solution est la meilleure, car, s'il était permis à un grand-père de grever son petit-enfant, la substitution aurait une durée plus longue que si le grevé était le père de ce petit-enfant. (Cass., 29 juin 1853. J. P., 1853, 2, p. 165.)

Les frères et sœurs, aux termes de l'art. 1049, ont aussi le pouvoir de grever de substitution leurs *frères et sœurs*. On doit appliquer ici la solution précédente, et s'en tenir strictement au texte de la loi, c'est-à-dire qu'il ne serait pas permis à un oncle de grever de restitution ses neveux ou nièces, avec charge de restitution à ses petits-neveux et petites-nièces.

La disposition permise aux frères et sœurs n'est valable que si le disposant meurt *sans enfants;* mais, puisque la substitution ne peut jamais porter que sur la quotité disponible, pourquoi n'avoir pas donné à un frère qui a des enfants la permission de substituer? La raison se trouve dans le caractère de la substitution telle que l'ont comprise les rédacteurs du Code civil; ils ont voulu assurer, aux enfants nés et à naître des héritiers du disposant, les biens dont les priverait l'inconduite de leur père; le grevé doit donc être l'héritier *ab intestat* de celui qui fait la disposition. Or, le frère n'est l'héritier *ab intestat* de son frère que lorsque ce dernier vient à mourir sans enfants.

Mais que faut-il entendre par *enfants?* S'agit-il seulement des enfants légitimes? L'affirmative doit être adoptée; et la présence d'un enfant naturel reconnu ou celle d'un enfant adoptif ne peut influer en rien sur la validité de la disposition. Supposons qu'un enfant naturel existe à la mort du disposant et que ce dernier ait fait une substitution par une donation entre-vifs. De deux choses l'une : ou la reconnaissance est postérieure à la donation, ou elle est antérieure. Si elle est postérieure à la donation, la question peut être résolue à l'aide des principes établis pour la révocation des donations pour survenance d'enfants. Nous savons qu'une donation ne peut être révoquée pour cause de survenance d'enfants que s'il s'agit d'enfant légitime ou légitimé par mariage subséquent (art. 960), et que la loi n'attribue pas cet effet à l'enfant naturel reconnu. Comment dès lors admettre que la reconnaissance de cet enfant naturel qui ne peut, du vivant du père, faire révoquer la donation, ait, à la mort du père, le pouvoir de faire considérer l'enfant comme capable de faire révoquer la donation ? Comment pourrait-il se faire que, laissant subsister la disposition, elle fût une cause de nullité, eu égard à la condition ? (Troplong.)

Si elle est antérieure à la donation, la solution sera la même, car la survenance d'un enfant postérieur à la donation est un événement qui affecte cet acte plus profondément que l'existence d'un enfant né antérieurement. Il en était d'ailleurs ainsi sous l'ordonnance de 1747 (art. 23, tit. I), et rien ne nous porte à croire que le Code ait voulu changer cette jurisprudence. (Troplong.)

Ce que nous venons de dire de l'enfant naturel reconnu s'appliquera à l'enfant adoptif, et il n'y a à faire aucune distinction entre une adoption postérieure ou antérieure à la donation. Dans le premier cas, il ne peut dépendre de l'auteur de la disposition de créer par son fait une cause de nullité; ce serait contraire au principe de l'irrévocabilité des donations. Dans le second, il en sera de même, malgré l'objection que peut fournir l'art. 350; il ne s'agit pas ici de savoir comment sont réglés les droits d'un enfant adoptif dans la succession de l'adoptant. Non ; l'art. 1049 ne fait que régler les conditions de validité d'une disposition à titre gratuit, et on ne saurait attribuer à une paternité fictive les droits exceptionnels accordés à la véritable paternité, c'est-à-dire à celle qui résulte du mariage. L'art. 1049 ne peut donc s'appliquer que s'il ne reste aucun enfant au moment du décès ; nous en concluons que, si le disposant avait laissé des enfants, mais des enfants qui eussent renoncé à la succession ou en eussent été déclarés indignes, leur existence n'en ferait pas moins obstacle à la validité de la disposition. La fiction de l'art. 785 est inapplicable à notre hypothèse. (*Contrà :* Marcadé, art. 1050-2.)

Quelques auteurs, en rapprochant les articles 960 et 1049, en ont tiré une conséquence qu'il est impossible d'admettre; ils ont soutenu que les mots : « *en cas de mort sans enfants* » impliquaient seulement la non-existence d'enfants à l'époque du décès, et que, du moment où cette condition était réalisée, il était indifférent de savoir si des enfants étaient nés après la donation; d'où la conséquence que, dans l'hypothèse de l'art. 1049, la survenance d'enfant n'aurait pas entraîné pour toujours la révocation de la donation. L'art. 1049 serait une exception à l'art. 960. — Cette conséquence est très-singulière et est généralement rejetée; les termes de l'art. 960 sont absolus, et on ne voit pas pourquoi une donation sans charge de restitution serait révoquée tandis qu'une donation, avec cette charge continuerait à produire ses effets. On peut, du reste, assigner un autre sens à ces mots « *en cas de mort sans enfants ;* » le législateur a entendu parler du cas où le disposant avait des enfants à l'époque de la donation, enfants qui n'existent plus à l'époque de sa mort.

§ 2. — *Personnes appelées à recueillir le bénéfice de la substitution.*

Les appelés sont *nécessairement les enfants du grevé* et conséquemment les petits-enfants ou neveux et nièces du disposant. Il en résulte que les enfants adoptifs et les enfants naturels reconnus ne peuvent profiter de la substitution ; ils sont, en effet, étrangers à la famille de leurs père et mère (V. art. 350 et 756), et ne peuvent être considérés soit comme petits-enfants, soit comme neveux du disposant. Si le donateur avait formellement déclaré substituer les enfants naturels du grevé, la disposition serait sans effet à leur égard et retomberait sous la prohibition de l'article 896.

La substitution doit être faite au profit de *tous les enfants nés et à naître du grevé*, sans distinction d'âge ou de sexe (art. 1050) ; l'égalité doit exister dans les substitutions, et le législateur a modifié, sous ce rapport, les règles des anciennes substitutions fidéicommissaires. Aujourd'hui, tous les enfants sont placés sur la même ligne et les puînés, les filles ont les mêmes droits que l'aîné. Si la charge de rendre n'était stipulée qu'au profit des *enfants nés*, la disposition entière serait nulle même dans le cas où il n'en serait pas né d'autres au grevé ; il suffit qu'elle sorte des termes des art. 1048 et 1049, pour qu'elle retombe sous la prohition générale de l'art. 896 (Bruxelles, 14 juillet 1808). Mais, remarquons qu'il n'est pas nécessaire que le testateur ou donateur ait écrit que la substitution dût profiter aux enfants nés et à naître ; pourvu qu'il puisse résulter des termes dont il s'est servi, qu'il n'a pas violé la loi, c'est-à-dire, exclu les enfants à naître, la disposition doit être déclarée valable. C'est ainsi que la Cour de Cassation a considéré, comme satisfaisant au vœu de la loi, la clause suivante : « Je donne à mon fils à charge de rendre à mes petit-enfants issus de lui. » (Cass., 31 mars 1807, sous n° 306 de Dal., v° substitution.)

La solution précédente devra s'appliquer lorsque la

charge de rendre a été stipulée au profit des enfants du grevé, et en même temps au profit d'un tiers (Cass., 27 juin 1811. Dal., v° Substitution, n° 303). Il en sera de même si la substitution n'est pas faite au profit de tous les enfants (Mamers, 30 août 1870. J. P. 1871, p. 134). Dans ces deux hypothèses, la disposition entière doit être annulée.

Nous avons dit que la charge de restitution ne pouvait être imposée qu'au profit des enfants nés et à naître du grevé, et *au premier degré seulement*, et nous en avons conclu que les appelés étaient nécessairement les enfants mêmes du grevé au premier degré de parenté ; nous traduisons *au premier degré seulement* par *premier degré de génération*. Quelques auteurs ont interprété ces mots d'une autre manière, et ils ont pensé qu'ils signifiaient *au degré le plus proche*, en sorte que, si le donataire n'avait pas d'enfants, mais des petits-enfants seulement, la charge de rendre pourrait être établie au profit de ces petits-enfants. Nous rejetons cette interprétation, et nous pensons qu'elle est contraire au texte des art. 1048 et 1049 qui répètent l'un après l'autre : « avec charge de rendre aux enfants nés et à naître, au premier degré, des dits donataires. » L'art. 1051 montre bien aussi qu'il s'agit du premier degré de génération, en opposant les enfants du premier degré aux descendants issus d'un enfant prédécédé, et en ne permettant la représentation aux enfants du second degré que quand ils concourent avec des enfants du premier. Nous sommes, d'ailleurs, dans des hypothèses exceptionnelles, et nous devons toujours interpréter les textes d'une manière restrictive. Les travaux préparatoires du Code sont favorables à cette interprétation, ils montrent, en effet, par la crainte qu'inspirait le mot *substitution*, que l'exception doit rester renfermée dans les limites les plus strictes. On peut ajouter que, dans l'opinion contraire, les appelés étant des petits-enfants par rapport au grevé, il y a de plus grandes chances pour que ces petits - enfants survivent au grevé, que si les gratifiés en second ordre étaient ses propres enfants (Rouen, 23 juin 1848. Devil. 49, **2**, 181).

L'égalité, avons-nous dit, doit exister entre tous les enfants du grevé, et, c'est par ces motifs que la loi les appelle tous au bénéfice de la substitution. Le législateur pousse même ce principe plus loin, et il maintient l'égalité dans les diverses branches de la descendance, en permettant aux descendants d'un enfant prédécédé de recueillir par représentation la portion de leur père. Le Code, sur ce point, s'éloigne de l'ordonnance de 1747, qui n'avait admis la représentation ni en ligne directe, ni en ligne collatérale (art. 20 et 21 du tit. 2); mais, il est facile d'apercevoir la raison de cette différence. Dans notre ancienne jurisprudence, le but des substitutions était de maintenir la fortune dans les familles, il était donc logique d'en concentrer le bénéfice sur le plus petit nombre de têtes possible. Aujourd'hui, il n'en est plus de même, et l'égalité eût été profondément blessée si l'appelé, celui qui a la chance de survivre au grevé, avait eu le droit de s'enrichir au détriment des enfants de son frère.

L'art. 1051 suppose les *descendants d'un enfant prédécédé* en concours avec *des enfants au premier degré. Quid*, si tous les enfants au premier degré sont morts avant le grevé? leurs enfants pourront-ils venir à la substitution par représentation? Remarquons que ces petits-enfants du grevé ne pourraient pas venir de leur chef, car, ils ne sont ni donataires, ni légataires. Mais, peuvent-ils venir par représentation ? Nous admettons la négative. La représentation, en principe, n'a pas lieu dans les dispositions à titre gratuit; par exception, dans un cas, il est dérogé à cette règle; c'est donc que, en dehors de cette hypothèse particulière, il faut revenir au droit commun. D'ailleurs, quand tous les appelés sont prédécédés, la substitution est éteinte d'une manière définitive, et les biens sont devenus libres dans les mains du grevé. Donner aux descendants ultérieurs le droit de représentation, c'eût été faire renaître une substitution tombée, et la prolonger au delà de la durée qu'elle devait avoir (Rouen, 23 juin 1848. Devil. 49, 2, 181).

Maintenant que nous connaissons les personnes qui peuvent substituer et celles qui peuvent l'être, il faut s'arrêter un instant sur la loi de 1826, et voir en quoi elle modifiait les articles relatifs aux substitutions. Cette loi, qui était conçue dans un tout autre esprit que les dispositions du Code civil, n'était qu'un fragment d'un projet de loi beaucoup plus étendu, qui avait pour but d'établir une sorte de préciput légal en faveur de l'aîné des enfants. Les législateurs de 1804 avaient en vue l'égalité entre les enfants; ceux de 1826, sous prétexte de donner un appui au gouvernement monarchique, érigeaient, comme règle fondamentale, l'inégalité entre les enfants d'un même père; et, si ce père voulait revenir au principe du Code, il fallait qu'il manifestât une volonté expresse. Cette partie du projet fut rejetée par la Chambre des Pairs, et la loi de 1826 se réduisit à un article unique ainsi conçu :

« Les biens dont il est permis de disposer, aux termes des articles 913, 914 et 915 du Code civil pourront être donnés en tout ou en partie, par actes entre-vifs ou testamentaires, avec la charge de les rendre à un ou plusieurs enfants du donataire, nés ou à naître, jusqu'au deuxième degré inclusivement. Seront observés, pour l'exécution de cette disposition, les articles 1051 et suivants du Code civil jusques et y compris l'art. 1074. »

Cette disposition déroge en quatre points principaux aux principes que nous venons d'exposer :

1° La substitution peut être faite par toute personne; tout disposant peut faire une substitution.

2° Il est permis de faire une substitution au profit d'un étranger quand même il existe des enfants.

3° La loi de 1826 exige bien que les appelés soient les enfants du grevé, mais elle écarte l'art. 1050 en décidant que le disposant peut choisir les enfants qu'il lui plaira.

4° Les substitutions peuvent être faites à deux degrés de restitution.

Cette loi, très-peu populaire, et qui ne tendait rien moins qu'à contrarier les idées modernes, eut de rares applications. Elle fut abrogée par la loi du 7 mai 1849, et, depuis cette époque, les substitutions ne sont permises que suivant les articles 1048 à 1052.

§ 3. *Actes par lesquels on peut substituer.*

Les substitutions permises constituent des dispositions à titre gratuit; il en résulte qu'elles sont soumises à toutes les formalités, conditions et règles prescrites pour les donations entre-vifs et pour les testaments.

Si la substitution est faite par donation, elle doit être acceptée par le donataire, sinon le donateur n'est pas engagé. Mais, nous savons que les appelés sont aussi des donataires en second ordre; juridiquement, il faudrait leur appliquer la même règle, c'est-à-dire, exiger leur acceptation. S'ils sont majeurs ou s'ils sont mineurs, rien de plus simple; dans le premier cas, ils accepteront eux-mêmes; dans le second, l'acceptation pourra être faite par leurs tuteurs ou leurs ascendants (art. 463 et 935).

Mais, s'ils ne sont pas encore nés ou conçus, comment exiger leur acceptation? Dans notre ancienne jurisprudence on s'était aperçu de la difficulté, et les auteurs n'étaient pas d'accord. Cette question fut, toutefois, tranchée par l'art. 11, tit. I de l'ordonnance de 1747, qui décida que les substitutions faites par contrat de mariage ou par une donation entre-vifs, bien et dûment acceptée, ne pourront être révoquées, augmentées ou diminuées par aucune convention postérieure, même du consentement du donataire. Ceci est assez curieux, car, comment expliquer qu'un droit, acquis à des enfants non encore conçus, ne puisse leur être enlevé par personne? Pothier (*des Substitutions*, sect. 1, art. 2) l'explique ainsi : « Ce n'est pas la convention qui intervient entre le donateur et le donataire qui oblige proprement, et par elle-même, le donataire envers le substitué à l'accomplissement de la substitution; ce qui serait contraire au principe : « Nemo alteri stipulari potest, per extraneam perso- « nam acquiri non potest. » C'est le quasi-contrat, que la loi forme entre le donataire et le substitué, qui produit l'engagement qui oblige le donataire envers ce dernier. » Nous aimons mieux chercher la justification de cette théorie dans le but même des substitutions; on voulait favoriser des personnes qui n'étaient pas encore conçues, rien de plus juste alors de ne pas exiger leur acceptation.

Sous l'empire du Code civil, nous pensons que l'art. 11 de l'ordonnance doit encore s'appliquer, et que les appelés ont, du jour de la donation, un droit que les consentements réunis du donateur et du donataire ne peuvent modifier.

Lorsqu'une libéralité pure et simple est faite par testament, il est permis au testateur, en faisant un second testament, de la grever de substitution; cela se conçoit parfaitement, car, le testament n'a d'effet qu'à la mort du testateur qui reste, jusqu'à cette époque, maître de changer et de modifier sa volonté.

Lorsque, au contraire, la donation est faite par acte entre-vifs, lorsqu'elle est parfaite, cet acte ne peut être changé. Le donateur est irrévocablement dessaisi, et il lui est impossible d'imposer une condition à la propriété de ce bien qui a cessé de lui appartenir; la charge de conserver et de rendre doit donc être imposée dans l'acte même de donation. Quant au donataire devenu propriétaire incommutable, il ne peut aussi de son côté, par sa seule volonté, se grever de la charge de rendre.

Ainsi, le donateur et le donataire ne peuvent chacun modifier, en quoi que ce soit, l'acte qui confère la libéralité ; tous les deux réunis, c'est-à-dire, avec leur consentement mutuel, ils ne pourront en faire davantage. La convention qui interviendrait entre eux serait nulle aux termes de l'art. 1119, comme étant une stipulation pour autrui.

Toutefois, l'art. 1052 contient une exception : « Si l'enfant, le frère ou la sœur auxquels des biens auraient été donnés par acte entre-vifs, sans charge de restitution, acceptent une nouvelle libéralité faite par acte entre-vifs ou testamentaire, sous la condition que les biens précédemment donnés demeureront grevés de cette charge, il ne leur est plus permis de diviser les deux dispositions faites à leur profit, et de renoncer à la seconde pour s'en tenir à la première, quand même ils offriraient de rendre les biens compris dans la seconde disposition. » Cet article, qui reproduit littéralement l'art 16, tit. 1 de l'ordonnance de 1747, permet au donataire de se soumettre après coup à une substitution, lorsque telle est la condition d'une nouvelle libéralité à lui faite par le même donateur. C'est une exception notable à l'art. 1121 et à deux points de vue.

1° C'est que la stipulation peut être faite à une personne qui peut n'être pas conçue.

2° C'est qu'elle lie le grevé immédiatement sans qu'elle soit acceptée par les appelés. D'après le droit commun, la stipulation pour autrui ne lie le stipulant qu'autant qu'elle a été acceptée par celui au profit de qui elle est faite.

Le droit commun n'est plus applicable, et cela se conçoit facilement; il ne s'agit plus simplement de l'intérêt du grevé, il s'agit aussi de l'intérêt des appelés qui ont un droit acquis sans avoir besoin de faire acceptation.

L'art. 1052 suppose que la substitution a été imposée dans une seconde libéralité. Il ne serait pas permis de conclure que le donateur pourrait grever de substitution les biens précédemment donnés, lorsque telle serait la condition d'une stipulation qu'il ferait pour lui-même (Exception à l'art. 1121); cela ne serait pas permis, car, la deuxième donation est considérée comme l'indemnité du préjudice que souffre le donataire; autrement la substitution manquerait de base, et le donataire serait censé avoir cédé à des importunités (Troplong, n° 2231).

Le disposant pourrait-il, par sa nouvelle libéralité, grever de substitution des biens autres que ceux précédemment donnés? Pothier (*des Substitutions*, sect. 4, art. 1, § 4) soutenait l'affirmative en invoquant le principe général selon lequel nous pouvons mettre, à nos libéralités, telles charges et conditions que bon nous semble, pourvu qu'elles ne soient pas contraires ni aux lois, ni aux bonnes mœurs. Aujourd'hui, cette interprétation ne peut être admise en présence de la règle que les substitutions doivent être restreintes dans les cas précis, prévus par la loi, et en présence surtout de l'art. 1052 qui, par les mots *précédemment donnés*, semble bien exclure les autres biens personnels du donateur : « *Inclusio unius est exclusio alterius.* » L'argument le plus pressant qu'on peut encore invoquer, c'est que toute substitution suppose deux transmissions successives, l'une au profit du premier donataire, l'autre au profit du second gratifié; ce dernier reçoit, nous le savons, non du grevé, mais du disposant; or, ce résultat serait impossible si d'autres biens que ceux précédemment donnés pouvaient être grevés de substitution; les appelés ne seraient plus que des donataires du grevé.

La seconde libéralité ne peut produire son effet que du jour où elle s'est manifestée, c'est-à-dire, du jour de l'acceptation. Tel était le droit admis par l'art. 17, tit. 1 de l'ordonnance de 1747, et nous pensons que le

Code, bien qu'il n'en ait pas parlé, a entendu maintenir cette disposition. Si ce principe n'était pas admis, il en résulterait une conséquence que repoussent certainement l'équité et la justice ; les tiers qui, avant l'acceptation de la deuxième libéralité, auraient acquis, du chef du grevé, des droits sur les biens précédemment donnés, pourraient plus tard être évincés par des substitués dont le droit ne serait né que postérieurement au leur !

Lorsque le donataire a accepté la deuxième libéralité, les appelés ont un droit qu'il est impossible de leur enlever ; le donateur et le donataire sont liés d'une manière irrévocable, et il n'est plus permis au donataire de diviser les deux dispositions faites à son profit, de renoncer à la seconde pour s'en tenir à la première, quand même il offrirait de rendre les biens compris dans la seconde disposition (art. 1052).

§ 4. *Biens qui peuvent être substitués.*

On peut, en général, substituer tout ce dont on peut disposer à titre gratuit : meubles, immeubles, biens incorporels peuvent donc faire l'objet d'une substitution. Ce n'est pas à dire qu'on ait le droit de substituer la totalité de ses biens ; non, les biens ne peuvent être substitués que dans la limite du disponible, et la réserve doit être intacte. Si donc on laisse seulement la réserve à l'héritier, cette réserve ne saurait être grevée de substitution en vertu du principe qu'on ne saurait grever celui à qui on ne laisse que ce qui lui est dû. Si la réserve était entamée, il ne s'ensuivrait nullement la nullité entière de la charge de rendre ; la disposition serait seulement réductible jusqu'à concurrence du disponible. Les personnes qui auront l'action pour faire réduire la libéralité ne seront pas les mêmes, suivant que le disposant sera le père ou le frère du donataire; dans le premier cas, c'est le fils grevé, héritier réservataire de son père, qui pourra faire réduire la libéralité; dans le second, comme il n'y a point de réserve établie en faveur du frère, ce dernier ne pourra intenter aucune action en réduction, et ce sera aux ascendants du donateur que cette action appartiendra.

Nous arrivons à une question controversée, celle de savoir s'il est permis à un père, en donnant ou en léguant la quotité disponible à un de ses enfants, de grever de substitution toute sa portion héréditaire, y compris sa légitime.

Il faut distinguer suivant que la substitution a été faite par donation ou par testament.

Si la disposition a été faite par donation, pas de doute, et les auteurs, excepté MM. Toullier et Grenier, sont d'accord pour décider qu'il n'est pas permis au fils de renoncer au droit de demander la réduction.

La clause insérée dans la donation serait, en effet, un pacte sur succession future puisque la légitime est une partie de la succession *ab intestat*, et qu'elle n'est plus disponible dans les mains du donataire. Cette clause devrait être considérée comme non écrite en vertu de l'art. 900, et de l'art. 791 qui défend, avant l'ouverture d'une succession, toute aliénation des droits éventuels qui peuvent en dépendre. — C'est en vertu du même principe que nous déciderons, dans le cas prévu par l'art. 1052, que le donateur ne pourrait, par la seconde libéralité, grever de substitution les biens précédemment donnés et faisant partie de la réserve.

Lorsque la disposition a été faite par testament, la question est beaucoup plus délicate. Pour soutenir qu'il est permis au père en faisant un legs du disponible, de grever de substitution même la réserve du fils, voici les considérations qu'on invoque : à compter du décès de son père, le fils a la libre disposition de sa légitime; il peut y renoncer, cela est certain; dès lors, il lui est permis d'y renoncer en acceptant le legs fait sous la condition de sa renonciation. Qu'on ne dise pas que la réserve étant inviolable, le testateur n'a pu en disposer, cela ne serait pas exact. Le testateur peut, sans doute, léguer plus que la quotité disponible, mais sauf à l'héritier réservataire, si bon lui semble, à faire réduire les legs jusqu'à concurrence de sa réserve; dans notre hypothèse, il en sera de même, et le fils, en répudiant le legs, sera libre de conserver sa légitime intacte et sans aucune charge. Dira-t-on que le testateur a enlevé au réservataire sa liberté en lui laissant l'option entre la propriété de sa réserve entière et la propriété de cette portion réservée, augmentée du disponible, mais à charge de restitution ? Nous répondons que ce n'est pas exercer sur le réservataire une pression illicite que de lui laisser le choix entre la situation qui lui est faite, et une autre situation proposée à ses préférences (M. Bertauld). Cette argumentation est parfaitement juridique et, au premier abord, on serait tenté d'admettre cette doctrine. Nous la repoussons cependant, mais par un motif qui tient au peu de faveur avec laquelle les substitutions ont été permises par les rédacteurs du Code. Nous avons dit précédemment que l'inconvénient le plus grave résultant des substitutions était l'inaliénabilité des biens; en permettant au testateur de grever de substitution, non-seulement la quotité disponible, mais encore la réserve, il en résulte forcément qu'une plus grande masse de biens sera retirée hors du commerce. L'inconvénient ci-dessus se montre donc avec plus de force, et nous n'hésitons pas à reconnaître que les art. 1048 et 1049, en ne permettant de substituer que dans la limite de la quotité disponible, ont entendu poser un principe d'ordre public que la volonté d'un testateur est impuissante à modifier.

CHAPITRE SECOND.

EFFETS DES SUBSTITUTIONS PERMISES.

Les articles qui nous restent à approfondir, et qui sont à peu près ceux de l'ordonnance de 1747, examinent les droits respectifs des grevés et des appelés et ceux des tiers qui pourraient avoir traité avec les grevés. De là une série de questions à étudier. Ces questions peuvent se ramener à quatre points principaux :

1° Droits respectifs du grevé et des appelés sur les biens de la substitution;

2° Règles concernant l'ouverture du droit des appelés;

3° Mesures de protection organisées dans l'intérêt des appelés;

4° Mesures de publicités organisées dans l'intérêt des tiers.

Section I.

Droits respectifs du grevé et des appelés sur les biens de la substitution.

Le Code est muet sur la nature du droit du grevé et des appelés. Des développements que nous avons donnés jusqu'ici, il résulte bien que le grevé est un véritable propriétaire, et que les appelés, avant l'ouverture de la substitution, n'ont qu'une simple espérance, un droit conditionnel.

A. *Le grevé est propriétaire.* Nous devons considérer

cette règle comme certaine sous peine d'assimiler le grevé à un usufruitier, ce qui est impossible. S'il était seulement donataire de l'usufruit, il n'y aurait pas substitution (art. 899), et les biens auraient été libres entre les mains du nu propriétaire ; or, l'inaliénabilité des biens forme un des caractères principaux de la substitution. Le grevé a la chance de se trouver propriétaire définitif des biens substitués s'il survit aux appelés, tandis que l'usufruitier ne peut jamais devenir propriétaire des biens soumis à l'usufruit (Douai, 18 mars 1852. — Devil. 52, 2, 337). Disons donc que le grevé a une véritable propriété, mais une propriété *ad tempus* qui finit plutôt qu'elle n'est résolue (voir le 5e caract. des subst. prohib.). De ce principe dérivent naturellement les droits du grevé ; étant propriétaire, il peut faire tout ce qu'un propriétaire peut faire, c'est-à-dire, que son droit se ramène à ces trois attributs principaux : le *jus abutendi*, le *jus utendi* et le *jus fruendi*. Il peut donc aliéner, hypothéquer, établir des servitudes, administrer les biens et en percevoir les fruits, mais, comme sa propriété est soumise à une condition résolutoire, il en résultera que les droits réels qu'il aura conférés seront soumis à cette condition. Une exception à ce principe est cependant faite dans un cas spécial visé par l'art. 1054 : « Les femmes des grevés ne pourront avoir, sur les biens à rendre, de recours subsidiaire, en cas d'insuffisance des biens libres, que pour le capital des deniers dotaux, et dans le cas seulement où le testateur l'aurait expressément ordonné. »

L'ordonnance de 1747 (art. 44 à 54, tit. I) consacrait la même exception au principe « *resoluto jure dantis,* « *resolvitur jus accipientis* », en accordant à la femme du grevé une hypothèque subsidiaire sur les biens substitués. « Cette jurisprudence, dit Pothier (*des Subst.*, sect. V, art. 2, § 1), est fondée sur une présomption de volonté de l'auteur de la substitution; comme on ne peut guère trouver un honnête établissement par mariage, sans avoir de quoi répondre de la dot de la femme qu'on épouse, et de quoi assigner un douaire, on présume que l'auteur de la substitution, qui a voulu que celui qu'il grevait de substitution se mariât, n'a pas prétendu en le grevant de substitution, lui en ôter les moyens, et qu'en conséquence il lui est permis d'engager et d'entamer les biens substitués, autant qu'il serait nécessaire, à défaut d'autres, pour la restitution de la dot de sa femme ou pour assigner un douaire. » Il est probable que les mêmes motifs ont poussé les rédacteurs du Code à donner à la femme ce recours subsidiaire, mais nos législateurs ont toutefois modifié la jurisprudence antérieure. L'ordonnance de 1747 accordait de plein droit l'hypothèque en vertu de l'intention présumée du testateur; aujourd'hui, il n'en est plus de même, et, en principe, cette hypothèque n'existe pas à moins d'une déclaration expresse du donateur ou testateur. Sous un autre rapport, la législation actuelle a restreint les créances pour le recouvrement desquelles la femme aurait pu exercer son hypothèque, et l'hypothèque subsidiaire ne peut garantir que le capital des *deniers dotaux* (art. 1054), (1). Cette restriction est facile à comprendre;

(1) Sous l'empire de l'ordonnance, l'hypothèque accordée à la femme s'appliquait, soit à la dot, soit au douaire coutumier et à l'augment de dot. et garantissait tant le capital que les intérêts et arrérages (art. 44 et 45). Mais elle ne pouvait comprendre le recours de la femme ni pour le préciput, la donation de bagues

si on eût donné la garantie hypothécaire à d'autres créances, il eût été trop facile, par une collusion entre le grevé et sa femme, de grossir l'importance de la créance. Les époux n'auraient ils pas pu, après une séparation de biens, laisser courir les intérêts de la dot et augmenter le chiffre des reprises de la femme? De même, la femme n'aurait aucun recours pour la répétition de deniers provenant de la vente de ses immeubles propres; pourquoi a-t-elle donné son consentement à la vente? Ce serait d'ailleurs permettre d'étendre démesurément l'effet du recours subsidiaire, faciliter par là au grevé le moyen de dissiper les biens substitués et empêcher leur restitution à qui de droit.

Il ne faudrait pas conclure des mots « *deniers dotaux,* » que le législateur n'a entendu parler que du régime dotal. L'art. 1054 s'applique parfaitement aux autres régimes, par exemple à celui de la communauté légale où les deniers de la femme peuvent être dotaux (art. 1514), lorsqu'elle s'est réservé la reprise de son apport.

Lorsque le mariage a été contracté avant la substitution, Pothier se demande si on doit accorder l'hypothèque subsidiaire à la femme : « La raison de douter, dit-il, c'est que l'enfant, se trouvant marié lors de l'acte qui contient la substitution, n'a plus besoin qu'on lui laisse de quoi trouver un établissement par mariage (c'est le motif qui avait fait établir l'hypothèque). La raison de décider est que la femme a pu et dû compter sur l'hypothèque des biens du père, ou de la mère de son mari, pour la sûreté de sa dot

ou joyaux, ni pour le prix des biens aliénés de son consentement pendant le mariage (art. 48 et suiv.).

et douaire, lorsque son mari aurait succédé à ses père et mère; la confiance en cette hypothèque ayant fait trouver au fils un établissement par mariage, il serait injuste que le beau-père et la belle-mère frustrassent leur bru de cette attente par une substitution (*des Subst.*, sect. V, art. 2, § 4). (*Contrà :* Furgole sur l'art. 44, tit. 1 de l'Ord.). Cette raison doit encore être acceptée aujourd'hui surtout en présence des termes généraux de l'art. 1054.

Le disposant pourrait-il attribuer à la femme une hypothèque non subsidiaire et pour toutes ses créances matrimoniales?

L'affirmative a été soutenue. On a fait remarquer que l'art. 1054 n'est pas prohibitif et n'a pas eu d'autre but que de supprimer l'ancienne hypothèque légale et d'en limiter l'étendue lorsque le disposant, qui l'aura accordée, ne s'en sera pas expliqué; mais, du moment qu'il aura manifesté une volonté différente, l'art. 1054 doit céder devant cette intention. Nous pensons au contraire que l'art. 1054 est restrictif et qu'il existe ici une raison spéciale pour le décider ainsi : « C'est uniquement dans l'intérêt des enfants du grevé, dit M. Colmet de Santerre, qu'on a admis les dérogations au droit commun qui résultent de la création d'une substitution; or, si on avait laissé au disposant toute liberté quant à la réserve d'une hypothèque pour la femme du grevé ou pour tout autre créancier, il serait arrivé bien souvent que la substitution, ou au moins l'espèce d'inaliénabilité qui frappe les biens substitués, eût profité à des tiers. Car, si on suppose la substitution antérieure au mariage ou à la création de la dette à laquelle l'hypothèque serait réservée, le grevé ne pouvant pas aliéner définitivement le bien au profit d'un tiers, la femme mariée longtemps après la substitution, le créancier de longtemps postérieur à cette substitution auraient acquis le premier rang d'hypothèque par l'effet de l'impossibilité d'aliéner résultant de la substitution. »

Si le grevé s'était marié plusieurs fois, ses femmes successives auront-elles toutes le recours subsidiaire? Avant 1747, la question était débattue, mais, depuis cette époque, l'art. 52, tit. I de l'ordonnance, la résout formellement au profit des femmes sans néanmoins qu'aucune des dites femmes puisse exercer la dite hypothèque contre les enfants ou descendants d'un mariage antérieur au sien, lorsque ce seront eux qui recueilleront l'effet de la substitution. Aujourd'hui, la femme ne peut avoir d'hypothèque subsidiaire que si le disposant l'a ordonné expressément, il en résultera que ce sera là une question d'interprétation. Le testateur sera le maître d'accorder cette hypothèque soit à chacune des femmes du grevé, soit seulement à celle que le grevé avait au moment de l'acte ou à la première qu'il aura, s'il n'était pas encore marié.

Ainsi, en principe, tous les droits réels consentis par le grevé seront résolus s'il ne survit pas aux appelés, et ces derniers, propriétaires sous condition, pourront, quand l'événement se sera réalisé, revendiquer les biens substitués dans les mains des tiers.

Cela ne souffre aucune difficulté, et c'est l'application des principes généraux du droit en matière de condition. Mais les appelés sont les héritiers du grevé! Or, les héritiers, étant les continuateurs de la personne du défunt, doivent garantir les faits et promesses de leur auteur; ils ne pourront donc pas revendiquer et le grevé pourra, quoique propriétaire sous condition résolutoire, conférer des droits irrésolubles! Oui, si les appelés acceptent purement et simplement sa succession; non, s'ils y renoncent ou s'ils l'acceptent sous bénéfice d'inventaire. Cette solution est incontestable mais non incontestée, et des auteurs ont prétendu que, même dans le cas d'une acceptation pure et simple, les substitués pourraient évincer les tiers acquéreurs. Ils s'appuient sur l'art. 31, tit. 2 de l'ordonnance de 1747 : « Toutes les aliénations faites par le grevé, au préjudice de la substitution..... .... ne pourront nuire aux substitués, et en cas qu'ils revendiquent les biens aliénés, les acquéreurs seront tenus de les délaisser, sauf leur recours sur les biens libres du vendeur. *Ce qui sera observé encore que le substitué se trouve en même temps héritier pur et simple du vendeur*, sans néanmoins qu'en ce cas, il puisse déposséder l'acquéreur, qu'après l'avoir remboursé entièrement du prix de l'aliénation, frais et loyaux coûts, » et pensent que cette disposition doit encore être observée parce que l'esprit du Code est conforme à l'ancienne jurisprudence. Nous n'hésitons pas à repousser cette doctrine comme contraire aux règles élémentaires du Code civil. L'art. 31 lui-même n'était pas à l'abri de toute critique, et Furgole, dans son Commentaire sur l'ordonnance, s'exprimait ainsi : « Cette disposition est nouvelle; elle n'a aucun fondement dans le droit, elle est même contraire aux principes qu'il établit; car l'héritier pur et simple représente le défunt; il est tenu des mêmes actions que le défunt, et il doit garantir les faits et les promesses du défunt; en sorte que.........., de même l'héritier pur et simple du vendeur ne peut pas la vendiquer, quoiqu'elle lui parvienne par un droit autre que celui qui lui vient en qualité d'héritier du vendeur, suivant la loi 14 *de rei vindicat.* — 3 au Cod. *de reb. alien. non alien.*, et autres textes desquels on a tiré la maxime : *quem de evictione tenet actio, eumdem agentem repellit exceptio.* »

Après cette critique, Furgole ajoute que cette portion de l'art. 31 était inspirée par la faveur des substitutions qui avaient pour objet la conservation des biens dans les familles; mais aujourd'hui que le Code civil a rompu avec cet ancien esprit aristocratique, que le but des substitutions est simplement de conserver la fortune pour les petits-enfants, il n'y a aucune raison pour faire revivre cette disposition si exorbitante de l'ordonnance; est-ce que, en effet, on ne conserve pas aussi bien la fortune en gardant l'argent provenant des biens aliénés qu'en gardant les biens eux-mêmes! Ajoutons que l'ordonnance, en cas d'éviction des tiers acquéreurs, n'obligeait les substitués qu'à rembourser le prix d'aliénation, les frais et loyaux coûts. Ce palliatif, qui était suffisant peut-être à une époque où on a peu d'exemples de variation en hausse dans la valeur des immeubles, serait maintenant bien peu protecteur, quand on voit les valeurs immobilières soumises comme les valeurs mobilières à la loi de la hausse et de la baisse (Colm. de Sant., tome IV, n° 214 (*bis*), 1).

Nous venons d'étudier dans l'art. 1054, une exception au principe qu'il est impossible de conférer à des tiers des droits plus solides que ceux que l'on a. Il existe encore deux exceptions à ce principe : l'une, relative aux actes d'administration ; l'autre, à certaines aliénations qui ont été faites dans l'intérêt de la substitution elle-même, et avec les formalités requises. Ces aliénations peuvent quelquefois être opposables aux appelés, même quand elles sont volontaires; c'est ce qui arrivera si le disposant en a ordonné la vente, il faudra seulement se conformer aux conditions prescrites. Il sera aussi peut-être nécessaire d'aliéner les biens compris dans la substitution, par exemple pour faire de grosses réparations; nous croyons que l'aliénation peut être faite, mais on devra observer les mêmes formalités que la loi prescrit pour l'aliénation des biens appartenant à des mineurs. (V. art. 52, tit 2. Ord. de 1747.)

Revenons à notre première exception et examinons les pouvoirs d'administration du grevé sur les biens substitués.

Tout ce qui est de simple administration est exclusivement dans le droit du grevé ; il fait les fruits siens comme propriétaire, et il en dispose comme bon lui semble; il faut au moins qu'il soit aussi bien traité qu'un usufruitier. Nous n'étendons cette décision qu'aux fruits et nous croyons que le grevé devrait rendre aux appelés, lors de l'ouverture de la substitution, les produits des mines et carrières qui se seraient ouvertes seulement depuis l'époque de la libéralité. Il en serait de même de la partie du trésor qui est attribuée par la loi au propriétaire du fonds; quant à la moitié attribuée à l'inventeur, le grevé peut l'être, elle lui appartiendrait irrévocablement (art. 716).

Le grevé exploite les biens substitués, il les cultive ou les fait cultiver par fermier : il peut donc faire des baux; mais ces baux sont-ils opposables aux appelés? L'ancien droit donnait aux appelés le droit de ne pas respecter les baux consentis par le grevé (Ricard, ch. 10, n° 228), et cette décision était fondée sur ce qu'il n'y avait aucun lien, aucun engagement entre le substitué et le fermier ou locataire. Sous l'empire du Code, cette décision ne doit plus être admise et, comme c'est sur des considérations d'intérêt public, de l'intérêt de l'agriculture en particulier, qu'on a permis à un usufruitier de faire des baux qui lieraient le propriétaire, même après l'extinction de l'usufruit, on ne voit pas pourquoi le bail fait de la même manière par le grevé ne lierait pas également le substitué. — Nous appliquerons donc au grevé les règles relatives aux baux faits par l'usufruitier (art. 595-1429-1430).

Le grevé peut recevoir seul le paiement des créances comprises dans la substitution et en donner valable quittance. Les débiteurs qui paieront entre ses mains seront définitivement libérés, à moins qu'ils n'aient reçu des appelés majeurs ou du tuteur nommé pour l'exécution de la substitution une opposition à ce que le paiement soit fait hors de leur présence ; si les débiteurs, malgré cette opposition, avaient néanmoins fait le paiement, ils s'exposeraient à payer une seconde fois, sauf leur recours contre le grevé ou sa succession. Quant au transport des créances, nous faisons une distinction. S'agit-il de créances à l'égard desquelles la substitution n'a pas été rendue publique par l'inscription ? Les appelés ne seraient pas admis à faire annuler la cession au préjudice des cessionnaires. — S'agit-il, au contraire, de créances qui sont, au su des tiers, affectées de substitution rendue publique ? Nous pensons que la cession n'est pas irrévocable, et que les appelés pourront la faire tomber.

Le grevé, en acceptant le legs ou la donation, s'oblige à faire tout ce qui est nécessaire à *la conserva-*

tion des biens ; il doit donc en jouir en bon père de famille. — Il résulte que, à la différence de l'usufruitier (art. 605), il est tenu de faire les grosses réparations. Mais comme, en réalité, ce n'est pas à lui personnellement qu'incombe la charge d'en supporter les frais, il pourra répéter, lors de l'ouverture de la substitution, s'il en fait l'avance, les sommes qu'il aura déboursées. S'il ne peut ou veut faire l'avance, il pourra se faire autoriser à vendre une partie des biens substitués ou à contracter un emprunt.

A l'égard des impenses, améliorations ou constructions, il faut distinguer entre les dépenses nécessaires, utiles ou voluptuaires. Les premières seront intégralement remboursées au grevé, puisqu'elles sont indispensables pour la conservation ou l'exploitation de la chose. Les secondes ne lui seront remboursées que jusqu'à concurrence de la plus-value donnée à l'héritage. Enfin les troisièmes resteront complètement à sa charge; mais nous lui permettrons d'enlever, à ses frais, tout ce qui pourra s'enlever sans détérioration. (Pothier, *des Subst.*, sect. IV, § 2.) Enfin nous accorderons au grevé, si les fruits sont encore pendants lors de l'ouverture de la substitution, le droit de réclamer les frais de semences et de labour. (V. article 585.)

Faut-il appliquer au grevé l'art. 618, d'après lequel l'usufruitier, qui abuse de sa jouissance, peut être déchu de son droit? Nous reportons cette question au moment où nous étudierons les causes d'ouverture des substitutions.

Le principe, qui fait du grevé un véritable propriétaire, l'investit aussi, par voie de conséquence, de toutes les actions qui concernent les biens substitués ; de là, le droit pour lui d'ester en justice, de procéder au partage, de faire des transactions, et d'interrompre la prescription.

Pour lé partage, le grevé ne pourrait y figurer seul, et il faudrait la présence du tuteur à la substitution pour qu'il fût opposable aux appelés.

Quant aux transactions, la présence du tuteur est d'abord nécessaire, et nous appliquerons l'art. 467, relatif aux transactions qui intéressent les mineurs et les interdits (art. 2045). Mais remarquons que les transactions, quoique dépourvues de ces formalités, seraient opposables aux tiers par les appelés qui voudraient s'y conformer, car ce n'est que dans l'intérêt de ces derniers qu'on leur a permis d'attaquer les actes faits par le grevé seul. Le grevé n'a-t-il pas toujours qualité pour rendre meilleure la condition des appelés?

Il nous reste maintenant à rechercher quel est l'effet des jugements rendus contre le grevé. Ces jugements sont-ils opposables aux appelés? Avant l'ordonnance de 1747, l'usage était d'attaquer ces jugements par la voie de la tierce opposition, et on donnait pour motif que les substitués n'étaient pas les successeurs du grevé. Il résultait de là qu'à chaque degré de substitution, une simple opposition renouvelait des procès terminés avec le précédent grevé. L'ordonnance de 1747, pour remédier à cet inconvénient, introduisit la requête civile, et il n'était permis d'attaquer un jugement par cette voie que si ce jugement, étant contradictoire, avait été rendu *sans les conclusions des gens du Roi* ou avec omission entière de défenses de la part du grevé. (V. Furgole, Com. sur les art. 49 et 50 de l'ordonnance.) Le Code civil a gardé sur ce point un silence absolu. Que faut-il décider? Nous pensons que les appelés ont tantôt la voie de la tierce opposition, tantôt celle de la requête civile suivant la distinction que nous allons faire. Le tuteur à la substitution a-t-il été mis en cause sans que le ministère public ait donné ses conclusions? Nous leur donnons la requête civile (art. 83 et 480 C. pr.). Le ministère public a-t-il été entendu, mais sans que le tuteur ait été mis en cause? Les appelés pourront former tierce opposition au jugement (art. 474, C. pr.). Quant aux décisions judiciaires qui auront été rendues au profit du grevé contre les tiers, elles pourraient être invoquées par les appelés, car le grevé a mandat de rendre meilleure la condition de ces derniers.

Le grevé a, comme conséquence de son droit de propriété, le droit d'interrompre la prescription. Supposons qu'il ne l'ait pas interrompue, la prescription accomplie sera-t-elle opposable aux appelés comme elle l'est au grevé? Le Code ne s'explique pas plus sur ce point que l'ordonnance de 1747; de là, une grande controverse qui, après avoir divisé nos anciens jurisconsultes (1), divise encore les auteurs modernes. Deux situations sont à prévoir : ou les tiers tiennent leurs droits du grevé et prétendent prescrire; ou bien ils prescrivent sans titre. Examinons ces deux hypothèses. Lorsque les tiers ont traité avec le grevé, ils sont les ayants cause de ce dernier qui leur a transmis son droit affecté de la condition de la restitution; ils

(1) Pour la prescription, nous pouvons citer : Ricard (ch. XIII, nos 92 et 93). — Pothier (sect. V, art. 2). — Domat (liv. 5, tit. V, sect. 3, nos 13 et 14). — Dunod (Des Prescrip., part. 3, ch. IV).

Contre la prescription : Furgole (Sur l'art. 31 du tit. II). — Thévenot (ch. LV).

ne peuvent donc prescrire puisque le droit, dont il s'agit, n'est pas encore ouvert dans la personne des appelés; il s'agit ici d'une prescription libératoire, la prescription de l'action en restitution, qui ne peut commencer qu'après l'ouverture de la substitution (art. 2257, 1°).

Dans le deuxième cas, lorsque le tiers a possédé sans titre un bien pendant le temps requis pour la prescription, ou lorsqu'un débiteur a prescrit sa libération parce qu'il n'a pas été poursuivi par son créancier, la question est très-délicate et a donné lieu à trois systèmes.

Les partisans du premier système s'appuient sur l'art. 2257 pour décider que la prescription est suspendue tant que la substitution n'est pas ouverte. Le droit des appelés, disent-ils, est un droit conditionnel ; or, la prescription ne court point à l'égard d'une créance qui dépend d'une condition, il en résulte donc qu'elle sera suspendue tant que le droit des appelés ne sera pas ouvert. Ce système peut être combattu victorieusement, car il fait une fausse application de l'art. 2257. Cet article, spécial à la prescription libératoire, suppose que la condition affecte la dette elle-même, c'est-à-dire les rapports qui existent entre le créancier et le débiteur, et on conçoit parfaitement que le débiteur conditionnel ne puisse prescrire contre son créancier avant que la condition se soit ou non réalisée (condition négative ou positive); cela est facile à comprendre, dit Dunod, car, avant cette époque, il n'y a point d'obligation ni d'action, et la prescription ne peut pas courir contre ce qui n'existe pas ou quand personne n'a d'action pour l'interrompre (Dunod, *loc. cit.*). Dans notre hypothèse il n'y a rien de semblable, et la dette en elle-même n'est nullement conditionnelle, bien que le grevé soit débiteur conditionnel à l'égard desappelés. Si nous supposons maintenant qu'un tiers s'est mis en possession des biens substitués, l'art. 2257 est encore inapplicable, car il ne s'agit plus ici de prescription libératoire. Le tiers, *un prædo* par exemple, par sa mise en possession, ne prescrit pas sa libération conditionnelle, mais prescrit la propriété. La prescription est donc une prescription acquisitive, or on peut prescrire une propriété conditionnelle. L'art. 2257 ne peut donc s'appliquer aux appelés qui retombent sous le droit commun de l'art. 2251, en vertu duquel la prescription court contre toute personne, à moins qu'elle ne soit dans quelque exception établie par la loi. Les appelés forment-ils une exception au droit commun? Non, donc la prescription a couru contre eux, et nous ajoutons même sans distinguer s'ils étaient majeurs ou mineurs (c'est notre système).

Objectera-t-on que ce système conduit à la négation de la maxime : « *contra non valentem agere non currit præscriptio,* » puisque la prescription peut courir contre les personnes dont le droit n'est pas encore né? L'objection ne doit pas arrêter, car les appelés, ayant un droit conditionnel, peuvent faire des actes conservatoires soit eux-mêmes, soit comme représentés par le grevé ou le tuteur à la substitution.

Serait-on tenté de fonder la doctrine que nous venons de combattre en disant que les biens substitués, étant inaliénables, doivent être imprescriptibles? Nous répondrons que cette disposition exceptionnelle, établie pour les biens dotaux (art. 1561), aurait, pour être applicable à la matière des substitutions, besoin d'être exprimée d'une manière formelle.

Le second système pose en principe que la prescription court contre les appelés, mais qu'elle sera suspendue en leur faveur s'ils sont mineurs ou interdits avant l'ouverture de la substitution (art. 2252). Le droit des appelés, dit-on, est un droit conditionnel et prescriptible. Si la condition, à laquelle était soumis leur droit, se réalise par l'ouverture de la substitution, il en résultera qu'ils seront censés toujours avoir été propriétaires des biens substitués ou créanciers des débiteurs; la prescription qui aura couru contre le grevé aura aussi couru contre eux, mais à la condition qu'ils soient majeurs; si donc ils sont mineurs ou interdits, il faut leur appliquer les causes de suspension de la prescription (art. 2252). Ce système doit être admis s'il est vrai que le droit des appelés est un véritable droit conditionnel, un droit soumis à une condition suspensive, mais il ne peut l'être si le droit des appelés est un droit qui tient plutôt au régime des successions. Or, nous avons démontré plus haut (V. le cinquième caract. des subst. proh.), que, dans les substitutions, le droit du grevé n'est pas anéanti rétroactivement, qu'il finit plutôt qu'il n'est résolu et que les appelés succèdent en quelque sorte au grevé. Le grevé se trouve être, jusqu'à l'ouverture de la substitution, le représentant de la propriété des biens substitués, le défenseur légitime, et il est exact de dire que la prescription, qui court contre lui, court en même temps contre les appelés (M. Bufnoir, à son Cours).

Quand, au contraire, une prescription aura couru au profit du grevé, le bénéfice sera-t-il personnel à ce dernier ou profitera-t-il aux appelés? Il est impossible de donner une réponse formelle, car la solution dépendra des circonstances. S'agit-il de la prescription d'une servitude active d'un fonds sur un des biens substitués, s'agit-il de la prescription d'une créance qu'un tiers n'a pas réclamée pendant trente ans au grevé? Dans ces deux hypothèses, il est évident que la prescription aura profité aux appelés et non personnellement au grevé. S'il s'agit maintenant d'une prescription acquisitive, il faut faire une distinction. Le grevé a-t-il prescrit un bien appartenant à un tiers, il est clair qu'il a fait son affaire personnelle et que le bénéfice ne doit jamais appartenir aux appelés ; a-t-il au contraire agi dans l'intérêt de la substitution, par exemple, il a acquis par prescription une servitude dans l'intérêt d'un des biens substitués, cette acquisition profitera à la substitution.

B. *Les appelés, avant l'ouverture de la substitution, n'ont qu'une simple espérance.*

Nous venons de voir que, pendant la condition, le grevé est seul propriétaire des biens substitués, et que les droits qu'il a pu conférer à des tiers sont résolubles par la non-réalisation de la condition. Les appelés n'ont qu'une simple espérance, et leur droit ne se forme que par l'arrivée de l'événement qui est leur survie au grevé. Jusqu'à cette époque, ils n'ont qu'un droit conditionnel qui permet seulement de *ne faire que les actes conservatoires* qu'il serait utile d'exercer avant l'ouverture de la substitution. Telle était la doctrine romaine qui assimilait les appelés à un créancier conditionnel (Loi 66, Dig., *De rei vindic.* L. 54, Dig., *De verb. signif.*) ; telle était aussi notre ancienne jurisprudence dans laquelle deux arrêts des parlements de Metz et de Douai, en date des 23 mai 1692 et 6 mars 1694, consacrèrent la même doctrine en décidant : le premier, que si un bien de la substitution avait été vendu par décret sur le grevé, les appelés ne pouvaient, quant à présent, demander la nullité du décret ou le délaissement ; le second, que, avant l'ouverture de la substitution, les appelés ne sont pas recevables à faire déclarer que les choses comprises dans une disposition sont fidéicommissées à leur profit (V. Merlin, rép. V° *substitution fid.*, sec. 14, n° 1).

Mais cette espérance, ce droit conditionnel qu'ont les appelés peuvent-ils être transmis à titre gratuit ou à titre onéreux ; les appelés peuvent-ils y renoncer avant l'ouverture de la substitution ? La question est controversée. Sous l'empire de l'ordonnance de 1747, l'art. 28, tit. I, n'était pas rédigé d'une manière très-satissante, et, malgré les divergences qui existaient entre les auteurs (1), il était à peu près généralement admis : 1° que la renonciation pure et simple était impossible; car, pour répudier un droit, il faut qu'il existe; ce qui n'existe pas encore ne peut être ni accepté ni répudié; 2° que néanmoins, quoiqu'il ne puisse pas y avoir de répudiation proprement dite d'une substitution avant qu'elle soit ouverte, on peut faire quelque chose d'équipollent ; car, le substitué peut, avant l'ouverture de la substitution, convenir avec le grevé qu'au cas que la substitution s'ouvre par la suite à son profit, il ne la recueillera pas (Bugnet, sur Pothier, *loc. cit.*).

Cette même distinction, dit-on, est reproduite dans le Code civil où les choses futures peuvent être l'objet d'une convention (art. 1130); l'appelé pourra donc céder son droit de même que peut le faire un léga-

(1) Comp. Furgole, sur l'art. 28. — Bugnet, sur Pothier (t. VIII, n° 208, des Substitut.).

taire conditionnel. En cédant son droit éventuel, il n'accepte ni ne répudie la substitution, il fait simplement un transport de son espérance, et celui qui prend sa place aura, la condition arrivée, la faculté d'accepter ou de répudier comme l'aurait eue le substitué lui-même. Quant à la renonciation pure et simple pendant la condition, elle serait de nul effet par ce qu'il est dans la nature des choses de ne répudier que ce qu'on a la faculté de connaître et d'apprécier (Coin-Delisle, n° 36, sur l'art. 1051).

Cette doctrine doit être repoussée, et toute convention sur l'espérance du droit appartenant aux appelés doit être déclarée nulle comme contenant un pacte sur les droits éventuels que l'on peut avoir sur une succession non encore ouverte. Les substitutions, où les substitués ne peuvent être aujourd'hui que les enfants du grevé, tiennent au régime des successions et forment, pour ainsi dire, au profit des appelés, un droit dans la succession du grevé. Peut-on voir dans la substitution autre chose qu'un moyen d'assurer aux petits-enfants ou aux neveux la succession de leur aïeul ou de leur oncle? Les art. 791, 1130 et 1600 sont donc applicables. Objectera-t-on que les appelés sont donataires, et tiennent leurs droits non du grevé mais du donateur? Il est vrai que les appelés *capiunt a gravante non a gravato*, mais il est certain néanmoins que c'est par l'intermédiaire du grevé qu'ils recueillent, puisque leur vocation est subordonnée à la condition qu'ils lui survivront. Le législateur a eu d'ailleurs, en permettant les substitutions dans deux cas exceptionnels, pour but de préserver les petits-enfants de la misère où les auraient conduits certainement l'inconduite et la prodigalité de leur père; peut-on concevoir qu'en même temps il ait autorisé le grevé, ce dissipateur, ce prodigue, à obtenir de ses enfants, à peine majeurs peut-être, la renonciation à leurs droits! (V. Demol., t. XXII, n° 599, Colm. de Sant., t. IV, n° 211 (*bis.*) (3).

Section II.

Règles concernant l'ouverture du droit des appelés.

L'art. 1053 pose la règle générale de l'ouverture des substitutions : « Les substitutions, dit cet article, seront ouvertes à l'époque où, par quelque cause que ce soit, la jouissance du grevé cessera. » Mais quand la jouissance du grevé cesse-t-elle? Le Code ne le dit pas; c'est donc à l'aide des principes généraux qu'il faut résoudre cette question qui présente de grandes difficultés.

L'évènement le plus ordinaire qui mettra fin à la jouissance du grevé sera la mort naturelle de ce dernier. C'est à ce moment qu'il faudra se placer pour savoir quels sont les appelés qui pourront profiter de la substitution (art. 1051). Ceux qui auront survécu au grevé deviendront, à moins d'une renonciation, propriétaires définitifs des biens substitués, et pourront, à partir de cette époque, agir en résolution des droits qui auraient pu être conférés par le grevé à des tiers. Remarquons que s'ils avaient accepté purement et simplement la succession du grevé, ils ne pourraient intenter aucune action en résolution en vertu de la maxime : « *Quem de evictione tenet actio, eumdem agentem repellit exceptio* »; il faut donc nécessairement supposer qu'ils ont renoncé à sa succession ou qu'ils l'ont acceptée sous bénéfice d'inventaire. C'est un point que nous avons admis un peu plus haut.

Si les appelés répudient la succession, il en résulte que le grevé est censé avoir toujours été propriétaire des biens substitués ; tous les droits qu'il aura conférés auront été conférés *a domino*.

S'ils acceptent la substitution, le droit du grevé sera résolu ainsi que ceux des tiers avec qui il aura pu contracter « *resoluto jure dantis, resolvitur jus accipientis* », et les appelés sont à considérer comme les donataires ou les légataires du disposant. De là, la conséquence suivante : ils peuvent accepter la substitution tout en renonçant à la succession du grevé.

La mort civile, lorsqu'elle était en vigueur, avait le même effet que la mort naturelle du grevé quant à l'ouverture de la substitution ; l'art. 25 du Code civil dit, en effet, qu'elle ouvre sa succession au profit de ses héritiers de la même manière que la mort naturelle. Depuis la loi du 31 mai 1854, qui a remplacé la mort civile par l'incapacité, pour le condamné à une peine afflictive et perpétuelle, de disposer et de recevoir à titre gratuit, cette incapacité n'aurait pas pour conséquence de faire cesser la jouissance du grevé ; nous supposons, bien entendu, que la donation ou la mort du testateur a eu lieu avant la condamnation du grevé.

De quelle manière les appelés recueillent-ils les biens substitués lors de l'ouverture de la substitution? Ont-ils la saisine, ou doivent-ils former, contre la succession du grevé, une demande en délivrance? Sous l'ordonnance de 1747 (art. 40, titre 1), le substitué n'avait, par l'ouverture de la substitution, qu'un *jus ad rem* : quant au *jus in re*, il ne l'avait que par l'acceptation soit expresse, soit tacite, et le droit à la propriété avait un effet rétroactif au jour de l'ouverture de la substitution (Thévenot, ch. 26, 34, 35). Au surplus, si, par l'acceptation, le substitué était saisi *ipso jure* de la propriété, il n'avait ni la possession ni les fruits qui restaient au grevé ou à ses héritiers, et il ne pouvait évincer les tiers possesseurs tant qu'il n'avait pas obtenu ou demandé la délivrance.

Aujourd'hui il est certain que les substitués ont un *jus in re* du jour du décès du grevé et que nos anciens usages et l'ordonnance de 1747 ne peuvent être invoqués (art. 711) ; mais ont-ils, contrairement à l'art. 40 de l'ordonnance, droit aux fruits du jour de l'ouverture de la substitution, et peuvent-ils, dès cette époque, évincer les tiers possesseurs. En un mot, ont-ils besoin de demander la délivrance des biens substitués? La question divise les auteurs et plusieurs systèmes sont en présence.

D'après un premier système, on doit encore suivre la jurisprudence ancienne (Aubry et Rau, tome VI, page 54).

D'après le second, il faut distinguer entre le cas où la substitution est universelle, et le cas où elle ne comprend que des biens particuliers ; suivant cette distinction on applique tantôt l'art. 1005 en vertu duquel les fruits sont dus du jour de l'ouverture de la substitution si la demande en délivrance est formée dans l'année, tantôt l'art. 1014 qui, dans le cas d'un legs particulier, décide que les fruits et les intérêts ne sont dus que du jour de la demande en délivrance. (Duranton, tome IX, n° 611.)

Nous n'adoptons ni l'une ni l'autre de ces deux opinions, et nous pensons que, sous l'empire du Code, les appelés sont saisis immédiatement. Dès l'ouverture de la substitution, les appelés sont propriétaires des biens substitués, et tous les droits du grevé sont éteints par l'arrivée de la condition ; les héritiers du grevé n'étant pas les héritiers de l'auteur de la dispotion, à quel titre pourraient-ils détenir les biens substitués si ce n'est à celui de dépositaires; conséquence : ils n'ont aucunement droit aux fruits qui doivent appartenir aux substitués.

Un simple argument suffit pour repousser la doctrine de M. Duranton. Les biens substitués font-ils partie du patrimoine du grevé ? Non, puisqu'ils en sont sortis par l'arrivée de la condition : comment, dès lors, considérer ces biens comme pouvant former une universalité dans son patrimoine ! Ce n'est donc point une délivrance que font les héritiers du grevé, c'est une simple restitution. En conséquence, le substitué, en vertu de son titre, a droit de poursuivre immédiatement les tiers acquéreurs, de faire payer les débiteurs et de réclamer les fruits perçus par les héritiers du grevé depuis l'ouverture de la substitution.

La mort naturelle, avons-nous dit, est la cause la plus ordinaire de l'ouverture des substitutions, et elle ouvre la substitution d'une manière définitive. L'article 1053 nous apprend que la substitution peut même s'ouvrir du vivant du grevé : « *Quand la jouissance du grevé cessera.* » Quelles sont ces causes ? Elles sont nombreuses et complexes.

L'art. 1053 indique la première : c'est l'*abandon anticipé de la jouissance.*

Le grevé est propriétaire des biens substitués ; il peut donc en disposer comme bon lui semble, mais toujours sous la condition résolutoire de sa mort avant les appelés ; c'est ainsi qu'il peut les aliéner, en disposer à titre gratuit, en donner seulement l'usufruit, soit à des tierces personnes, soit à l'un ou à tous les appelés existants. Ces tiers, qui auront contracté avec le grevé ou qui auront accepté la donation qui leur a été offerte, seront ses ayants cause et recevront les biens *a gravato, non a gravante*. Il en résulte, s'il s'agit d'une donation acceptée par les appelés, que :

1° Le grevé, en vertu de l'art. 747, pourra, par la voie de la succession anomale, rentrer dans les biens donnés.

2° Si un appelé venait à naître après la donation, il ne pourrait actuellement demander à partager avec ses frères ou sœurs.

3° Le grevé pourrait se réserver le droit de retour pour le cas où ses enfants viendraient à mourir avant lui, même laissant de la postérité.

4° Le grevé pourrait faire la donation soit à un seulement de ses enfants, soit à plusieurs.

De même le grevé serait parfaitement libre de donner aux appelés l'usufruit des biens substitués, et la conséquence serait que, toutes les fois qu'un appelé viendrait à décéder, la jouissance reviendrait au grevé qui est le nu propriétaire.

Dans ces deux hypothèses, il n'y a évidemment aucune ouverture de la substitution soit à l'égard du grevé, soit à l'égard des appelés ; il n'y a qu'un abandon purement provisoire et conditionnel qui n'influe en rien sur l'ouverture de la substitution qui aura lieu à l'époque de la mort du grevé.

L'art. 1053, en parlant de l'ouverture de la substitution par abandon anticipé, n'a pas eu en vue ces deux hypothèses. Ce qu'il suppose, c'est la restitution définitive de la propriété des biens substitués, c'est l'abdication que fait le grevé de son droit. Envisagé de cette manière, nous avons à nous demander quel est l'effet de cet abandon vis-à-vis du grevé, des appelés et des tiers.

Vis-à-vis du grevé. L'effet est définitif, et le grevé ne pourrait pas, en supposant tous les appelés morts et laissant des enfants, répéter contre ces enfants les biens substitués sous prétexte que la condition, sous laquelle il était tenu seulement de les restituer, est venue à défaillir. Quant aux appelés qui seraient morts sans laisser d'enfants, le grevé, en qualité de père, leur succéderait pour partie. Cependant si sa mort arrivait avant celle des autres appelés, les biens qu'il aurait recueillis devraient retourner nécessairement à ces derniers.

Vis-à-vis des appelés. Le principe général qu'il faut poser est celui-ci : Les droits des appelés ne peuvent être fixés définitivement qu'à l'époque de la mort du grevé ; tant que cette époque n'est pas arrivée, la restitution anticipée ne peut être considérée que comme conditionnelle et provisoire. Ce principe est certain lorsqu'il s'agit des rapports qui pourront exister entre les appelés existants et ceux qui naîtront plus tard ; ces derniers sont en effet des appelés en vertu de l'art. 1050, et il n'est pas au pouvoir du grevé d'avantager plusieurs de ses enfants au préjudice des autres. Ceux qui naîtront postérieurement à l'abandon viendront donc partager avec leurs frères et sœurs, et ce sera seulement à l'époque du décès du grevé que la part des survivants sera fixée définitivement. Mais quel est l'effet de l'abandon entre les appelés auxquels cet abandon a été fait ; est-il définitif ou provisoire ? L'intérêt de la question, le voici : Trois enfants existent au moment de l'abandon. L'égalité devant régner entre ces enfants, ils partageront chacun pour un tiers les biens substitués. Si l'un d'eux vient à mourir avant le grevé, sa part ira-t-elle à ses héritiers quelconques, sauf l'affectation aux droits éventuels des appelés qui survivront au grevé, ou bien ira-t-elle définitivement à ses héritiers, de telle sorte que les deux survivants n'auront jamais droit qu'à un tiers (ils auraient eu droit à la moitié si l'ouverture de la substitution avait été la mort naturelle du grevé)? La question est fort discutée, et MM. Mourlon, Troplong, Marcadé et Duranton soutiennent que les droits des appelés, existant au moment de l'abandon, sont fixés d'une manière irrévocable. Ils s'appuient sur l'art. 1053, aux termes duquel, *la substitution s'ouvre quand la jouissance du grevé vient à cesser;* l'enfant qui est venu à mourir après l'ouverture de la substitution a donc pu transmettre sa part à ses héritiers. Ce qu'il faut considérer, ce n'est pas l'époque du décès de celui qui était grevé, mais le moment de l'ouverture de la substitution. C'est là l'époque décisive, l'événement critique qui règle tout. Il n'y a pas deux ouvertures, l'une provisoire lors de l'abandon, l'autre définitive lors du décès de celui qui était appelé. Il n'y a qu'une ouverture, celle qui s'opère au moment où agissent les causes énumérées dans l'art. 1053. (Troplong, nos 2243 et 2244.)

Cet argument, qui consiste à prendre à la lettre les termes de l'art. 1053, doit être repoussé, car il conduirait à une conséquence inadmissible qui serait celle-ci : l'exclusion, dans le cas d'abandon anticipé, des enfants à naître. *Les droits des appelés seront ouverts,* etc..., il s'agit donc des appelés seulement nés ou conçus ; quant à ceux qui ne le sont pas encore, ils ne peuvent avoir de droits actuels, et ils sont exclus. Voilà où conduit l'art. 1053 pris à la lettre. Laissons donc de côté cet argument de texte.

On ajoute que les appelés, en acceptant l'abandon, ont fait une espèce de contrat aléatoire par lequel, moyennant ce qu'ils reçoivent définitivement et actuellement (le tiers dans notre exemple), ils assurent, en renonçant à acquérir dans l'avenir la portion de leurs cohéritiers qui seraient décédés avant le grevé, leur droit contre la chance de caducité qui pourrait résulter de leur prédécès. Ils ne peuvent alors être admis à dire qu'ils n'ont partagé qu'éventuellement ; pourquoi n'en ont-ils pas fait la réserve dans l'acte d'acceptation de l'abandon ? (Duranton, tome IX, n° 606.) (1).

Cette doctrine suppose que l'abandon est nécessairement une convention passée entre les appelés et le grevé. Ceci n'est pas exact, et l'abandon peut parfaitement résulter d'un acte unilatéral de la part du grevé, du fait du grevé. Dès lors, les appelés sont étrangers à l'acte, et on ne peut plus argumenter de leur volonté, et cependant cette cessation devrait, aux termes de l'article, ouvrir la substitution. Dira-t-on que c'est le fait d'avoir partagé les biens qui doit produire ce résultat? Alors on sort des termes de la loi qu'on voulait prendre à la lettre, car la substitution ne devrait être ouverte que par l'acte de partage et non par l'abandon. (Colm. de Sant., n° 212 *bis*, VI.) — Quant à ce contrat aléatoire qu'on prétend exister entre les appelés, on peut d'abord sérieusement en

(1) Pothier (des Subst., sect. VI, art. 1er, § 2).

contester la légalité ; est-ce que les appelés peuvent, avant l'ouverture de la substitution, renoncer à leurs droits ou les modifier ? Non, car ce serait un pacte sur succession future; or, s'il en est ainsi, comment reconnaître la légalité de cette convention aléatoire, par laquelle chacun d'eux renoncerait d'avance aux chances d'accroissement qui pourraient se réaliser à son profit, jusqu'à l'époque de la mort du grevé. (Demol., n° 631.)

Cette doctrine que nous combattons doit être repoussée. Pour nous, l'abandon anticipé n'ouvre la substitution que d'une manière provisoire et conditionnelle à l'égard des appelés nés ou conçus à l'époque de l'abandon et dans leurs rapports entre eux, de telle sorte que, si l'un d'eux vient à mourir sans enfants avant le grevé, il transmettra bien sa part à ses héritiers (père, frères et sœurs ou enfants), mais ces derniers n'en seront propriétaires que sous la condition qu'il n'existera aucun appelé à l'époque du décès du grevé.

Vis-à-vis des tiers. Nous avons un texte précis, l'art. 1053 : « L'abandon anticipé de la jouissance au profit des appelés, ne pourra préjudicier aux créanciers du grevé antérieurs à l'abandon. »

Ainsi, l'abandon ne pourra préjudicier aux créanciers du grevé, et à leur égard il sera considéré comme non avenu. L'art. 1053 parle des créanciers antérieurs, cela était inutile, car, quant à ceux dont la créance est postérieure, à quel titre pourraient-ils se plaindre d'un acte qui, par le fait, ne leur a causé aucun préjudice! L'ordonnance de 1747 (art. 42, tit. 1) distinguait expressément entre les créanciers par acte authentique (tout acte notarié emportait hypothèque) et les créanciers chirographaires; ces derniers ne pouvaient exercer leurs droits et actions sur les biens substitués qu'autant que leurs créances avaient une date certaine antérieure à l'abandon. Aujourd'hui, nous admettons encore cette distinction, et nous exigeons la date certaine pour les créances sous seing privé; il est de principe, en effet, que les actes de cette nature ne peuvent être opposés aux tiers que lorsqu'ils ont date certaine (art. 1328).

Le même art. 42 de l'ordonnance décidait que les créanciers n'avaient pas besoin de faire révoquer la renonciation, ni de prouver que cette renonciation avait été frauduleuse; il suffisait qu'elle leur causât un préjudice pour qu'elle fût considérée comme non avenue. En est il de même sous le Code civil? Malgré l'affirmation de presque tous les auteurs, nous admettons la négative et nous pensons que, dans toutes les questions de ce genre, le principe général qu'il faut suivre est celui posé dans l'art. 1167 (art. 622-788). (Voir aussi la loi 19 Dig., *quæ in fraud. credit.*).

Bien que l'art. 1053 n'ait parlé que des créanciers, il est certain qu'il s'applique aussi aux tiers acquéreurs, et que les droits de ces derniers deviendraient incommutables dans le cas où les appelés décéderaient avant le grevé.

Une deuxième cause d'ouverture de la substitution résulte de la déchéance prononcée par l'art. 1057 : « Le grevé qui n'aurait pas satisfait à l'article précédent (c'est-à-dire qui n'aurait pas fait nommer un tuteur à la substitution) *sera déchu* du bénéfice de la disposition; et dans ce cas, le droit *pourra être déclaré ouvert* au profit des appelés, à la diligence de, etc.... »

Si on rapproche cet article de l'art. 1053, la conclusion est facile à tirer; aux termes de l'art. 1053, le droit des appelés s'ouvre quand la jouissance du grevé cesse, ici le grevé perd sa jouissance, donc le droit des appelés est ouvert. Cette déduction logique du rapprochement de ces deux textes n'a pas cependant été acceptée par tout le monde, et la controverse est très-vive; « il n'y a pas d'article, dit M. Coin-Delisle, plus tiraillé en sens contraire que l'art. 1057. » Examinons sur quoi peut porter la dissidence. Elle résulte des mots, *sera déchu* et *pourra être ouvert*, dont les premiers sont impératifs pour le juge, tandis que les seconds semblent lui laisser un certain pouvoir d'appréciation; d'où certains auteurs sont d'avis que les tribunaux ont à cet égard un pouvoir discrétionnaire et qu'ils peuvent, selon les circonstances, ou prononcer la déchéance, ou ne pas la prononcer et même accorder au grevé un nouveau délai. Telle est la première opinion. Une seconde a été émise par un arrêt de la cour de Colmar du 14 août 1840 (Devil. 42, 2, 102).

Cet arrêt a décidé que les tribunaux étaient obligés de prononcer la déchéance, mais que l'envoi en jouissance des appelés était facultatif, de telle sorte qu'il pouvait y être sursis si l'intérêt légitime des tiers l'exigeait. Cette décision paraît conforme au texte de l'art. 1057; *sera déchu*, obligation pour les tribunaux de prononcer la déchéance; *pourra être ouvert au profit des appelés*, facultatif pour les juges.

Ces deux doctrines doivent être repoussées comme étant en contradiction avec l'art. 1053, et nous pensons que le mot *pourra* se réfère uniquement aux personnes auxquelles la loi donne le mandat facultatif de faire prononcer la déchéance (Orléans, 9 avril 1867. D. 67, 2, 57).

Remarquons que la déchéance du grevé n'a pas lieu de plein droit; il faut qu'elle ait été formellement prononcée par les juges (Caen, 1er juillet 1856. Devil. 58, 2, 205). Tant que cette déchéance et l'ouverture du droit des appelés n'ont pas été prononcées en justice, les créanciers personnels du grevé ont intérêt et droit de se prévaloir du défaut de transcription de l'acte contenant la disposition, pour faire tomber la substitution à leur égard et exercer leurs droits sur les biens grevés.

Il existe quelques exceptions à l'art. 1057. Cet article ne serait pas applicable au cas où le grevé, mineur ou interdit, qui, n'ayant pas de tuteur, n'en aurait pas fait nommer un à la substitution. Si ce même grevé était pourvu d'un tuteur, nous pensons que la déchéance devrait néanmoins être prononcée. Pour nous, le tuteur représente le grevé, et ce dernier n'est jamais restituable contre les négligences de son tuteur (art. 1074).

Ainsi, la déchéance doit être prononcée et le droit des appelés est ouvert. Nous avons alors à nous demander quel est l'effet de cette ouverture soit par rapport au grevé, soit par rapport aux appelés, soit enfin à l'égard des tiers.

Ces différentes questions ont été déjà examinées à propos de l'étude des effets de l'abandon anticipé; nous persistons dans la même opinion quant aux deux premières, et nous décidons que, par rapport au grevé, l'effet est définitif; que, à l'égard des appelés, la substitution n'est ouverte que provisoirement, et qu'il faut se placer au moment de la mort du grevé.

pour déterminer d'une manière définitive les droits des appelés survivants; que, s'il vient à naître des enfants après l'époque de la déchéance, ces enfants concourront avec leurs frères et sœurs au fur et à mesure de leur naissance (Orléans, 9 avril 1867); que, si un des appelés vient à mourir, la part qu'il aura recueillie dans les biens substitués ira à ses héritiers quelconques, sous la condition de restitution aux appelés survivants.

Relativement aux droits des tiers, nous ne pouvons plus admettre la même théorie. Quand il s'agit de l'abandon de jouissance, l'art. 1053 dit, d'une manière formelle, que cet abandon ne peut préjudicier aux créanciers antérieurs. Tout autre est la situation dans le cas de la déchéance prévue par l'art. 1057; cette déchéance est encourue pour inexécution d'une condition de la libéralité (la nomination du tuteur); or, aux termes de l'art. 954, la révocation pour cause d'inexécution des conditions entraîne la résolution des droits conférés aux tiers par le donataire (Contrà, M. Bufnoir, à son cours).

Les deux évènements (abandon anticipé et déchéance), qui ouvrent les droits des appelés en mettant fin à ceux du grevé, ne sont pas les seuls qui produisent cet effet, et il y a d'autres causes qui peuvent donner lieu à l'ouverture de la substitution. Ces causes sont la révocation de la donation pour inexécution des conditions et pour ingratitude; la révocation du legs pour inexécution des conditions ou pour injure grave à la mémoire du testateur (1).

(1) Si la révocation était fondée sur l'autre cas prévu par l'art. 1046, cette hypothèse se rapprocherait de celle de l'incapa-

Nous ne mettons pas au nombre des causes qui ouvrent la substitution, la révocation de la donation pour survenance d'enfant; nous avons déjà eu, en effet, l'occasion de remarquer que cette cause, loin d'ouvrir la substitution, la révoque en même temps que la donation elle-même (art. 960).

Lorsqu'il s'agit de la révocation de la donation pour ingratitude ou d'un legs pour injure grave à la mémoire du testateur, pourquoi déclarons-nous la substitution ouverte au profit des appelés? Est-ce qu'il ne serait pas plus logique de dire que c'est au profit du donateur ou des héritiers du testateur que devrait être prononcée la révocation, et que les biens devraient leur revenir sous la charge de les conserver et de les rendre aux appelés à la mort du grevé (Marcadé, art. 1053, n° 7)? Non, et il est impossible d'admettre cette doctrine en présence de l'art. 1053, qui déclare ouverts les droits des appelés dès que, par quelque cause que ce soit, la jouissance du grevé vient à cesser. On peut ajouter que l'action en révocation pour ingratitude n'a pas directement pour but un avantage pécuniaire, qui doive nécessairement profiter au donateur, elle a surtout un but de répression morale; elle doit empêcher un donataire de conserver une libéralité dont il s'est montré indigne : ce but n'est atteint d'ordinaire que par la restitution des biens au donateur; mais, comme dans notre espèce il peut être atteint autrement, il n'y a pas nécessité de faire violence au texte et à l'esprit de la législation sur les substitutions (Colm. de Sant., n° 212 (*bis*), I (1).

cité du grevé; nous la renvoyons au chapitre de la caducité de la disposition en premier ordre.

(1) Si l'un des appelés s'est rendu coupable d'ingratitude envers

Remarquons que cette difficulté ne pourrait se présenter si aucun enfant n'existait à l'époque où le donateur exercerait l'action en révocation pour cause d'ingratitude, et il est clair que les biens donnés rentreraient dans ses mains.

Dans le cas de révocation pour inexécution des conditions, il est certain que la substitution s'ouvre au profit des appelés sous la condition, par ces derniers, d'exécuter la charge qui peut frapper la libéralité. Quel intérêt légitime aurait donc le donateur ou les héritiers du testateur à refuser cette exécution? Si les appelés eux-mêmes refusent d'exécuter les conditions, cette inexécution anéantira la disposition tout entière, car il est évident que les appelés ne sont pas plus dispensés que le grevé d'exécuter les conditions sous lesquelles la libéralité leur a été faite.

Les effets de ces deux révocations sont identiques lorsqu'il s'agit des droits des appelés; la substitution ouverte à leur égard ne l'est que d'une manière conditionnelle et provisoire, et ce sera seulement à la mort du grevé que leurs droits pourront être fixés définitivement. Par rapport aux tiers, il faut au contraire les distinguer. Y a-t-il révocation pour inexécution des conditions? C'est l'art. 954 qui leur est applicable et leurs droits sont résolus rétroactive-

le donateur ou testateur, la révocation pourrait-elle être prononcée contre lui? Sans aucun doute. On objecte que cette solution est une violatin de l'art. 1050 en vertu duquel la substitution doit profiter à tous les enfants nés et à naître. Cette objection n'est pas juste : ce que l'art. 1050 exige, c'est que la substitution soit faite au profit de tous les enfants, mais il n'en résulte pas que ces enfants doivent toujours en profiter, car ils restent soumis aux principes qui gouvernent la révocation des donations et des testaments.

ment. Y a-t-il révocation pour ingratitude? Leurs droits sont maintenus suivant les termes de l'art. 958.

Certains auteurs ont pensé que le grevé, qui viendrait à abuser de sa jouissance, devrait être, aux termes de l'art. 618, déchu de son droit, et que dès lors cette déchéance serait une nouvelle cause d'ouverture de la substitution. Cette doctrine ne doit pas être suivie, et l'art. 618 n'est pas applicable. La déchéance prononcée contre l'usufruitier coupable d'abus de jouissance ne repose sur aucun principe. Que l'usufruitier soit condamné à des dommages et intérêts pour le dommage qu'il a causé, qu'on prenne contre lui des mesures conservatoires, rien de plus juste, assurément; mais lui enlever son droit parce qu'il en abuse, c'est enrichir le nu propriétaire à ses dépens! Il y a donc là une peine, or les peines ne se suppléent pas (Mourlon, *rép. écrit.*). Objectera-t-on que, puisqu'aux termes de l'art. 1057, une simple négligence est une cause de déchéance, il doit, à plus forte raison, en être de même de l'abus de jouissance! Nous répondrons que les peines ne se suppléent pas, même par *a fortiori*. Sans doute, nous ne laisserons pas les appelés sans garantie contre la négligence ou la mauvaise administration du grevé; nous croyons que les juges pourront condamner le grevé à des dommages-intérêts, ils pourront même ordonner la mise en séquestre des biens substitués, mais nous n'allons pas jusqu'à leur accorder le droit de prononcer la déchéance du droit du grevé.

Enfin, une dernière cause d'ouverture, cause que nous n'admettons pas non plus, est, selon quelques-uns, l'arrivée du terme ou de la condition auxquels le disposant aurait subordonné le droit du grevé.

Nous avons, dans notre étude sur les substitutions prohibées, recherché quels pouvaient être les caractères des substitutions; et nous avons reconnu que cinq caractères étaient nécessaires à leur formation. D'après l'un d'eux, l'*ordo successivus*, la restitution ne peut avoir lieu qu'à la mort du grevé; nous en avons conclu que, si un des caractères, celui-là par exemple, faisait défaut, la disposition n'était plus une substitution, mais une donation conditionnelle ordinaire, qui ne pouvait profiter qu'aux enfants déjà conçus au jour de la donation ou du décès du testateur. Nous maintenons encore la même doctrine, et le disposant ne pourrait pas, en créant une substitution, imposer au grevé, comme époque de la restitution, une époque autre que celle de sa mort. Dira-t-on que si l'art. 1053 permet au grevé de faire par anticipation l'abandon des biens substitués, il en résulte, *a fortiori*, que le disposant doit pouvoir lui en imposer l'obligation? (V. Demol., n°s 456 et 647.) Cet *a fortiori* n'existe nullement. Le grevé est libre évidemment de renoncer à son droit, s'il le veut, et s'il fait l'abandon anticipé, il n'en résulte pas pour cela que la disposition n'a pas les caractères d'une substitution. Mais du moment que, une époque autre que la mort lui a été imposée pour la restitution, la situation est bien différente puisque la disposition ne réunit plus les cinq caractères qui sont essentiels à la validité d'une substitution.

Nous avons supposé jusqu'ici que des appelés existaient au moment de l'ouverture anormale de la substitution, et nous avons dit qu'aux termes de l'art. 1053, leurs droits étaient ouverts. *Quid*, s'il n'en existe pas; l'évènement qui donnera lieu à l'ouverture aurat-il la même influence que la mort du grevé? Evidemment, non. Les droits des appelés sont subordonnés à l'existence de ces appelés lors du décès du grevé; il faut donc nécessairement attendre cette époque, et ce n'est qu'au cas où il n'en existerait pas à ce moment que la substitution serait éteinte. D'un autre côté, comme les biens ne peuvent pas rester dans les mains du grevé, on arrive à conclure qu'ils doivent retourner au disposant ou à ses héritiers sous la réserve du droit des appelés quand il en surviendra. Pas de difficulté lorsqu'il s'agira du retour des biens au disposant. Mais ce dernier est mort, et supposons une révocation de donation pour cause d'inexécution ou d'ingratitude; l'action en révocation pourra être exercée par les héritiers du disposant, et si le grevé a renoncé à la succession du donateur, elle sera exercée par ses cohéritiers. Voyons maintenant l'application de cette règle lorsque le grevé aura accepté la succession. Peut être n'est-il héritier que pour partie? Alors la révocation, qui aura été prononcée contre lui, ayant fait rentrer dans la succession *ab intestat* les biens substitués, il en résultera que, comme grevé, il sera privé de la totalité des biens, et que d'un autre côté, comme héritier, il en prendra une part, toujours, bien entendu, sous la charge de restitution. Peut-être, est-il l'unique héritier du disposant? Alors aucune révocation ne pourra être prononcée contre lui. Par qui, en effet, cette action pourrait-elle être exercée puisque c'est à lui seul qu'elle appartient! Il restera donc toujours grevé.

Si nous supposons maintenant le cas de déchéance de l'art. 1057 et le grevé unique héritier du donateur, nous lui laisserons les biens, mais il les aura comme héritier, et non plus comme grevé, de sorte que la peine consistera en ce qu'il devra les restituer au premier appelé qui naîtra, et non à l'époque de sa mort (Colm. de Sant., n° 212 (*bis*), IV).

La même théorie s'appliquera facilement au cas de renonciation de la part du grevé.

Jusqu'à présent nous avons raisonné dans l'hypothèse que le grevé avait recueilli la donation ou le legs fait à charge de restitution. Nous avons encore à examiner ce qu'il arrive s'il a renoncé au legs, s'il n'a pas accepté la donation ou s'il est incapable de recueillir. Autant de questions délicates et controversées. Nous les examinerons un peu plus tard dans le chapitre de la caducité de la disposition en premier ordre.

Section III.

Mesures de protection organisées dans l'intérêt des appelés.

Les mesures de protection organisées dans l'intérêt des appelés sont au nombre de quatre :

1° Nomination d'un tuteur à la substitution ;

2° Inventaire des biens ;

3° Vente du mobilier ;

4° Emploi des deniers.

Les art. 1055 à 1068, relatifs à ces différentes mesures de protection n'offrent rien qui mérite des développements considérables. Nous allons les passer rapidement en revue.

I. — *Nomination du tuteur à la substitution* (art. 1055, 1056, 1057).

Le tuteur, comme l'apprend l'art. 1055, est chargé de l'exécution de la substitution. C'est à lui de faire en général toutes les diligences nécessaires pour que la charge de restituer soit bien et fidèlement acquittée, et il est responsable (art. 1073) des dommages que sa négligence pourrait causer aux appelés.

Des différences notables existent entre ce tuteur et le tuteur des mineurs et interdits. Le tuteur, dont il s'agit ici, est donné *rei, non personæ* ; conséquences :

Il doit être nommé dans tous les cas; aucune distinction à faire suivant que les appelés sont majeurs et capables, ou interdits et mineurs ayant déjà un tuteur. Le Code s'éloigne sur ce point de l'ordonnance de 1747, sous l'empire de laquelle il n'y avait pas lieu à la nomination de ce tuteur, qu'on appelait alors curateur, s'il existait déjà un premier substitué (V. art. 4, 5, 12, 13 du titre II). — Il n'y a pas lieu à la nomination d'un subrogé tuteur. — Les immeubles de ce tuteur ne sont pas frappés de l'hypothèque légale; car l'art. 2121 ne soumet à cette hypothèque que les tuteurs des mineurs et interdits.

Ce tuteur est nommé ou par le disposant lui-même, ou à la diligence du grevé, ou du tuteur qui le représente, s'il est mineur (art. 1055 et 1056).

Lorsque la nomination est faite par le disposant, elle doit se trouver, soit dans l'acte entre-vifs ou testamentaire qui contient la substitution, soit dans tout acte postérieur, pourvu qu'il soit authentique. Ainsi elle pourrait être faite dans un acte reçu devant notaire ou devant le juge de paix assisté de son greffier (art. 392, 398). Mais pourrait-elle l'être dans un testament olographe? La négative est soutenue et s'appuie sur l'art. 1055, qui exige un acte en forme authentique. Nous adoptons l'opinion contraire : le testament olographe pourrait, en contenant l'institution et la substitution, valablement désigner le tuteur. Pourquoi n'en serait-il pas de même quand le testament ne renferme pas de substitution ? Ajoutons que le tuteur des mineurs et interdits peut être nommé par testament olographe, et qu'il en est de même de la nomination d'un exécuteur testamentaire.

Si le disposant n'a pas nommé de tuteur, si la personne désignée pour cet emploi s'est fait excuser, ou si, par une cause quelconque, le tuteur ayant cessé ses fonctions, il y a lieu à la nomination d'un autre tuteur, il doit y être pourvu par le grevé ou par son tuteur. Et, comme il importe que ce tuteur puisse exercer tout de suite sa surveillance sur les faits et gestes du grevé, la loi a fixé un délai assez court, *un mois*, pour la nomination. Ce délai ne court que du jour du décès du donateur ou du testateur, ou du jour que, depuis cette mort, l'acte contenant la disposition a été connu. La nomination, à la diligence du grevé, n'est donc jamais requise du vivant du donateur; la loi a supposé probablement que le donateur surveillera lui-même, mieux que personne, l'exécution de ses volontés. Que si le disposant, tout en faisant une donation entre-vifs, a nommé un tuteur par le même acte, il faut en conclure que le donateur et le tuteur auront tous les deux qualité pour surveiller et agir.

Remarquons que la nomination doit être faite à la diligence du grevé, et non par le grevé qui pourrait ainsi choisir son propre surveillant. Le Code reste muet sur les personnes qui peuvent procéder à la nomination de ce tuteur : en présence de ce silence, nous appliquerons les règles ordinaires de la tutelle, c'est-à-dire que le tuteur sera nommé par un conseil de famille. Comme c'est seulement dans l'intérêt des appelés, enfants du grevé, que cette nomination est faite, nous composerons le conseil de famille de parents ou d'alliés, pris, moitié dans la ligne paternelle, moitié dans la ligne maternelle. Une difficulté peut s'élever si on suppose le grevé non encore marié ; il est impossible que le conseil de famille soit composé conformément au vœu de la loi, et nous sommes forcés de n'y appeler que des parents du grevé, c'est-à-dire de la ligne paternelle.

Ce conseil de famille doit être convoqué au lieu de l'ouverture de la succession, et non au lieu du domicile des appelés. Les appelés ne sont peut-être pas encore nés, ou, s'ils existent, il est possible qu'ils aient des domiciles différents, comment alors appliquer l'art. 406? D'ailleurs, cette tutelle a pour objet de surveiller, non des personnes, mais des biens, et il est naturel que l'opération se fasse au lieu où s'ouvre la succession. (Argument de l'art. 1057 *in fine*. — Angers, 12 août 1852. — Devil, 52, 2, 258.)

La sanction de l'obligation imposée au grevé consiste dans la déchéance de son droit et l'ouverture de celui des appelés (art. 1057). — Nous avons déjà étudié les conséquences de cette déchéance, et nous n'y reviendrons pas. Il nous reste seulement à nous demander à la diligence de qui elle peut être prononcée.

L'art. 1057 répond à la question : peuvent la faire prononcer les appelés eux-mêmes, s'ils sont majeurs ; leurs tuteurs, s'ils sont mineurs ; tout parent quelconque des appelés ; enfin, cette déclaration d'ouverture des droits des appelés peut être demandée d'office par le procureur de la République près le tribunal de première instance du lieu où la succession est ouverte.

II. — *Inventaire des biens* (art. 1058 - 1062).

La deuxième formalité à remplir est l'inventaire des biens compris dans la substitution. Cet inventaire sert à dégager la substitution de la succession du disposant, dans laquelle elle reste confondue jusqu'à l'époque de son décès.

Ce n'est qu'autant que la substitution est universelle, ou à titre universel, que la constatation des biens laissés par le *de cujus* est ordonnée. Cela est facile à comprendre : qui empêcherait, en effet, le grevé de diminuer l'actif de la substitution dont la consistance n'a jamais été déterminée. Lors, au contraire, que la substitution porte sur un objet spécial et particulier, cette fraude n'est plus à craindre, et aucun détournement, qui puisse rester inconnu, n'est possible (1). Quelquefois, cependant, même dans cette hypothèse, l'inventaire pourrait être nécessaire, et ceci pourra se présenter lorsqu'un legs particulier comprendra une collection d'objets, par exemple : une bibliothèque, une panoplie, des tableaux.

Dans l'usage on se borne ordinairement à faire porter l'inventaire seulement sur le mobilier, et le Code civil, dans plusieurs articles (voy. art. 451, 794, 1031), est conforme à cette solution. De là on a prétendu que, si la substitution ne comprend que des immeubles, aucun inventaire ne doit être fait. Cette

(1) L'art. 1er, tit. II, ordon. de 1747 exigeait cependant l'inventaire quand la substitution était particulière.

opinion ne doit pas être admise en présence des termes formels de l'art. 1058 : « *tous les biens et effets qui composeront sa succession* », et en présence de l'intention du législateur, qui a voulu sauvegarder, par tous les moyens possibles, les droits des appelés. Remarquons d'ailleurs que l'inventaire des immeubles serait d'une importance réelle dans le cas d'un legs à titre universel de ces immeubles.

L'art. 1058 exige en outre, comme l'exigeait l'ordonnance de 1747 (art. 7, tit. 2), qu'on fasse dans l'inventaire l'estimation des meubles et effets mobiliers.

L'inventaire n'est ordonné que si la consistance des biens à restituer n'est pas suffisamment établie par la disposition même ; il en résulte qu'il n'est nullement nécessaire d'en faire un lorsque la substitution est contenue dans une donation entre-vifs. S'agit-il d'immeubles, l'acte même de donation doit les déterminer; s'agit-il même de meubles, l'art. 948 exige un état estimatif. (V. Furgole, sur l'art. 2, tit. 2 de l'ordonnance de 1747.)

Le délai pour faire l'inventaire est le même que celui fixé au titre des successions. L'art. 795 accorde trois mois à l'héritier ; le grevé aura donc aussi le même laps de temps, et nous ne lui donnerons pas en plus les quarante jours pour délibérer, comme l'a prétendu Toullier (t. 3, n° 751). V. aussi les art. 798 et 799).

Cet inventaire sera fait à la requête du grevé et en présence du tuteur à la substitution. Ce dernier doit donc être appelé pour y être présent, mais *quid*, s'il ne comparaît pas ? Il est certain qu'on pourra y procéder en son absence. (V. Furgole, sur l'art. 5, tit. 2.)

Quant aux frais occasionnés pour la confection de

l'inventaire, la disposition du Code, préférable à celle de l'ordonnance de 1747 (l'art. 2, tit. 2, mettait les frais à la charge de la succession), les met à la charge des biens compris dans la substitution. Ceci est très-juste, puisque l'inventaire a pour but l'intérêt de la substitution elle-même.

Les personnes chargées de procéder à l'inventaire sont, en première ligne, le grevé auquel la loi donne un délai de trois mois. Passé ce délai, sans avoir obéi à la loi, c'est au tuteur à la substitution qu'incombe la charge d'y faire procéder dans le mois suivant. Enfin, si le tuteur manque aussi à ce devoir, le droit de requérir l'inventaire appartiendra alors aux personnes désignées dans l'art. 1057, en ayant soin d'appeler le grevé, ou son tuteur, et le tuteur à l'exécution. Les art. 42 et 43, tit. 2 de l'ordonnance de 1747, comme sanction de la négligence du grevé, décidaient que ce dernier encourait la peine de la privation et de la restitution des fruits qu'il avait pu percevoir sur les biens substitués. Aujourd'hui, aucun texte du Code civil n'ayant reproduit cette pénalité, il est impossible de l'appliquer, mais le grevé et le tuteur seront responsables envers les appelés du préjudice qu'ils auront pu leur causer (art. 1073).

III. — *Vente du mobilier* (art. 1062, 1063).

L'ordonnance de 1747, sous l'empire de laquelle les substitutions avaient pour but la conservation des biens dans les familles, voyait si peu favorablement la substitution des meubles dont le dépérissement rendait presque illusoire leur restitution en nature, qu'elle déclarait nulles les dispositions spéciales de meubles, à moins que le disposant n'en eût ordonné expressément l'emploi (art. 5, tit. 1). Dans deux cas, par exception, elle permettait cependant la conservation des meubles en nature, pour : 1° les choses qui servaient à l'usage et à l'ornement des châteaux et maisons substitués; 2° les bestiaux et ustensiles servant à l'agriculture (art. 6 et 7, tit. 1).

Aujourd'hui où les substitutions permises ne le sont que pour donner la faculté à un grand-père de faire passer sa fortune à ses petits-enfants, les substitutions de meubles sont valables dans tous les cas mais le grevé est tenu de faire vendre les meubles, et; de faire emploi du prix. A cela, deux exceptions écrites dans les articles 1063 et 1064. La première exception résulte d'une volonté contraire du disposant quant à la vente du mobilier, et il lui est permis d'ordonner que les meubles seront restitués en nature. La seconde est relative aux bestiaux et ustensiles servant à faire valoir les terres; cette disposition, fort utile sous l'ordonnance, n'est d'aucune utilité sous le Code civil, qui, dans l'art. 524, déclare que ces objets sont immeubles par destination; étant immeubles, il est clair qu'ils sont censés faire partie de la terre. Si le législateur a cru nécessaire de reproduire la disposition de l'ordonnance, c'est qu'au moment où le titre des substitutions était décrété (3 mai 1803), il ignorait encore si le principe de l'immobilisation serait adopté dans le titre *de la distinction des biens*, qui n'a été décrété que plus tard (25 janvier 1804). Cette deuxième exception doit s'étendre, nous n'en doutons pas, à tous les immeubles par destination,

D'après le droit commun, les bestiaux et ustensiles aratoires étant immeubles par destination, la conséquence nécessaire devrait être la restitution en nature de ces objets; mais comme il arriverait toujours qu'ils n'existeraient plus à l'ouverture de la substitution, ou qu'ils seraient au moins grandement détériorés, l'article 1064 oblige le grevé à les faire estimer et à restituer, non pas les mêmes bestiaux et ustensiles aratoires, mais des bestiaux et des ustensiles *d'une valeur égale* à ceux qu'il a reçus. Hors cette exception, le droit commun doit reprendre son empire, et le grevé devra restituer en nature tous les immeubles par destination autres que ceux désignés dans l'art. 1064. Nous disons que le grevé devra en rendre *d'une valeur égale*, bien que l'art. 1064 dise en rendre *une valeur égale*; en effet, ce n'est pas la valeur en argent qu'il doit rendre, mais des objets de même espèce et d'une valeur égale, le législateur ayant eu le désir que le grevé trouvât les biens en bon état d'exploitation. L'art. 6 du titre 1. de l'ordonnance, que les rédacteurs ont voulu reproduire, était d'ailleurs rédigé de cette manière, et l'omission de la particule *d'* n'est que le résultat d'une inattention (*Comp.*, art. 1826). (1).

IV. — *Emploi des deniers* (art. 1065-1069).

Cette quatrième et dernière formalité prise dans l'intérêt des appelés est une précaution très-sage

(1) Le Code ne fixe aucun délai dans lequel doit être faite la vente des meubles. L'art. 1065, en indiquant que l'emploi des deniers provenant de la vente doit être effectué dans les six mois du jour de l'inventaire, montre bien que le grevé a dû procéder à la vente dans le même délai.

Dans quelles formes doit-elle être faite? Elle doit être faite publiquement, par affiches et enchères: mais ce n'est pas une vente judiciaire, et il n'est nullement besoin d'une ordonnance de justice.

pour conserver les biens substitués, et en empêcher la perte et la dissipation.

Le délai dans lequel l'emploi doit être fait varie suivant des distinctions établies par les articles 1065 et 1066. S'il s'agit des deniers comptants, de ceux provenant du prix des meubles, et de ce qui aura été reçu des effets actifs, la loi donne au grevé un délai de six mois à compter du jour de la clôture de l'inventaire. Le délai sera, au contraire, de trois mois seulement, du jour de la réception de la somme, s'il s'agit d'effets actifs recouvrés, et des remboursements de rentes opérés par les soins du grevé. Cette différence de délai est facile à saisir, car, dans le second cas, les recouvrements postérieurs ont dû être prévus par le grevé.

Le disposant peut régler, si bon lui semble, la forme de l'emploi; sinon, aux termes de l'art. 1067, il ne pourra être fait qu'en immeubles ou avec privilége sur immeubles. Mais, comment placer avec privilége sur immeubles puisque le privilége est une cause de préférence créée par la loi ? On le pourra au moyen de la subrogation (art. 1250, 1°, 2°; 2103, 2°, 5°). Quelques auteurs ont pensé que la loi a entendu, par placement avec privilége, un placement sur première hypothèque, et que le grevé remplira amplement son obligation en prenant une première hypothèque sur un immeuble non grevé de privilége et d'hypothèque légale. Nous croyons cette interprétation mauvaise. Le législateur a pris beaucoup de précautions pour sauvegarder le droit des appelés; eh bien, son but ne serait pas atteint s'il n'avait exigé le placement que sur première hypothèque; est-ce que, en effet, une première hypothèque vaut un privilége ? Non, car le privilége passe toujours avant l'hypothèque, alors même qu'il est né après elle (art. 2095). Il pourrait arriver que le placement sur immeubles, imposé comme condition du legs de capitaux avec charge de restitution, soit impossible à réaliser; alors, la justice pourra ordonner un placement se rapprochant le plus possible de celui indiqué par le substituant; c'est ainsi que la Cour de Dijon a permis au grevé, chargé d'employer les capitaux en placements hypothécaires, de remplacer ces derniers par des obligations du Crédit foncier (Dijon, 16 août 1861. Devil. 61, 2, 543).

Deux lois nouvelles ont modifié les dispositions du Code civil en ce qui concerne l'emploi des deniers. La loi des 2, 3 juillet 1862 (art. 46) permet, à moins de clause contraire, de faire l'emploi en rentes 3 0/0 de la dette française. Une loi plus récente, celle du 16 septembre 1871 (art. 29) vint élargir l'art. 46 de la loi de 1862, en autorisant l'emploi en rentes françaises de toute nature.

L'art. 1068 ajoute enfin que l'emploi doit être fait en présence et à la diligence du tuteur nommé pour l'exécution. Nous en concluons que, si, après les délais voulus, le grevé n'avait pas fait emploi, le tuteur pourrait le forcer à déposer les fonds à la Caisse des dépôts et consignations. S'il ne prenait pas cette précaution, et si le grevé venait à dissiper les capitaux après l'expiration du délai, il serait en faute et responsable de la perte qui aurait résulté de sa négligence (art. 1073).

Section IV.

Mesures de publicités organisées dans l'intérêt des tiers.

Un des griefs les plus sérieux qu'on élevait contre nos anciennes substitutions fidéicommissaires était qu'elles servaient à tromper la bonne foi des tiers qui, en traitant avec des grevés, se laissaient prendre aux apparences mensongères de leur fortune. L'ouverture de la substitution résolvant tous les droits qui avaient pu leur être conférés, il en résultait pour eux la ruine ou du moins une perte considérable. Aussi, dans l'ancien droit, la publicité des substitutions avait-elle été l'objet des préoccupations du législateur, et l'ordonnance de 1747, qui, d'ailleurs, n'était que le résumé des ordonnances de 1553 et de 1566, des déclarations du 16 novembre 1690 et du 18 janvier 1712, avait-elle établi un système de publicités propre à remédier à ce grave inconvénient des substitutions. Deux formalités étaient exigées : l'insinuation de la libéralité en tant que donation, et sa publication en tant que substitution (art. 18 à 34, tit. 2. Ordonnance de 1747).

Dans notre droit actuel, ces formalités ont été réduites à une seule, la transcription de l'acte au bureau des hypothèques. Cette publicité est encore aujourd'hui soumise aux règles du Code civil de 1804, et elle n'a été nullement modifiée par la loi du 23 mars 1855, sur la transcription hypothécaire; l'art. 11, § 6 de cette loi porte, en effet, qu'il n'est point dérogé aux dispositions du Code Napoléon relatives à la transcription des actes portant donation, ou contenant des dispositions à charge de rendre. Nous n'avons donc pas à nous occuper de cette loi, et nous restons sous l'empire des art. 1069 à 1072. L'art. 1069 est ainsi conçu : « Les dispositions par actes entre-vifs ou testamentaires, à charge de restitution, seront, à la diligence soit du grevé, soit du tuteur nommé pour l'exécution, rendues publiques, savoir : quant aux immeubles, par la transcription des actes sur les registres du bureau des hypothèques du lieu de la situation ; et, quant aux sommes colloquées avec privilége sur des immeubles, par l'inscription sur les biens affectés au privilége. » Remarquons immédiatement une des différences qui existent entre la transcription exigée par le Code, et celle exigée par la loi de 1855 ; l'art. 1069 soumet à la transcription toutes les dispositions entre-vifs ou testamentaires, tandis que, d'après l'art. 1, de la loi de 1855, la transcription ne s'applique qu'aux actes entre-vifs.

Le mode de publicité varie suivant qu'il s'agit d'immeubles, ou de sommes colloquées avec privilége sur immeubles. Lorsque l'acte même de donation d'immeubles contient la charge de restitution, c'est cet acte qu'il faut transcrire, et les tiers qui voudront traiter avec le grevé seront avertis que ce dernier n'a qu'une propriété conditionnelle. Si le disposant avait fait une donation de sommes d'argent avec charge d'emploi en immeubles, la transcription de l'acte de donation ne servirait à rien ; ce qu'il faut transcrire, c'est l'acte d'acquisition qui doit constater l'origine des deniers et le but de l'emploi. Enfin, si nous supposons le cas prévu par l'art. 1052, il ne suffirait pas que les deux donations fussent transcrites, car les tiers, qui traiteraient avec le grevé sur l'immeuble objet de la première donation, n'auraient pas connaissance de la substitution ; la transcription de la seconde donation devra être accompagnée d'une mention de la substitution en marge de la transcription de la première donation.

Quand il s'agit de placements avec privilége sur immeubles, par exemple : le grevé achète la créance d'un vendeur d'immeubles, c'est dans l'inscription du privilége qu'il faudra faire mention que la créance garantie fait partie de la substitution. La simple inscription prescrite par l'art. 2106, ne serait pas suffisante puisqu'elle ne publierait aucunement la disposition à charge de rendre.

Quant aux autres biens meubles, comment les tiers seront-ils informés de la charge de restitution ? La loi n'a rien dit, mais, il résulte de son esprit que le grevé et le tuteur doivent faire des publicités. Si les titres sont nominatifs, on mentionnera dans le transfert que le grevé n'est propriétaire que sous condition. Si les titres sont au porteur, le tuteur à l'exécution peut exiger, si cela est possible, qu'ils soient rendus nominatifs ; si cela est impossible, ces titres devront être considérés comme des meubles corporels pour lesquels aucune publicité n'est prescrite ; les tiers seront suffisamment protégés par l'art. 2279, « *en fait de meubles possession vaut titre,* » et n'auront pas à redouter les conséquences que produit d'ordinaire l'ignorance de la charge qui pèse sur le grevé.

Lorsque les formalités prescrites par l'art. 1069 ont été remplies, les tiers, qui ont traité avec le grevé, ne peuvent prétexter de l'ignorance de la substitution, et leurs droits seront résolus par l'ouverture de la substitution en faveur des appelés. Nous en concluons, notamment, en ce qui concerne les créances hypothécaires comprises dans la substitution, que les débiteurs qui paieraient entre les mains du grevé, après l'ouverture de la substitution, seraient obligés de payer une seconde fois aux substitués. Si les conditions de l'art. 1069 n'avaient pas été remplies, les tiers qui tiendraient leurs droits du grevé seraient à l'abri de toute attaque de la part des appelés, et ces derniers ne seraient pas admis à prouver que ces tiers avaient eu, en fait, connaissance de la substitution; telle est la disposition très-sage, du reste, de l'art. 1071 : « le défaut de transcription ne pourra être suppléé, ni regardé comme couvert par la connaissance que les créanciers ou les tiers acquéreurs pourraient avoir eue de la disposition par d'autres voies que celle de la transcription. »

L'art. 1071 ne mentionne que le défaut de transcription, et passe sous silence le défaut d'inscription. Il est certain que c'est une pure omission qui, au surplus, se trouve suffisamment réparée par les termes de l'art. 1072. Nous pouvons en dire autant de l'art. 1070.

Nous avons maintenant une question fort difficile à résoudre, celle de savoir, quand les formalités prescrites par l'art. 1069 n'ont pas eu lieu, quelles sont les personnes qui peuvent opposer le défaut de transcription ou d'inscription. Thèse délicate qui a donné lieu à une divergence très-sérieuse.

Les art. 1070 et 1072 sont ainsi conçus :

Art. 1070. « Le défaut de transcription de l'acte contenant la disposition, pourra être opposé par les créanciers et tiers acquéreurs, même aux mineurs ou interdits, sauf le recours contre le grevé et contre le tuteur à l'exécution, et sans que les mineurs ou interdits puissent être restitués contre ce défaut de transcription, quand même le grevé et le tuteur se trouveraient insolvables. »

Art. 1072. « Les donataires, les légataires, ni même les héritiers légitimes *de celui qui aura fait la disposition,* ni pareillement leurs donataires, légataires ou héritiers, ne pourront, en aucun cas, opposer aux appelés le défaut de transcription ou inscription. »

Ecartons tout d'abord une hypothèse qui peut se présenter : c'est celle où la disposition avec charge de rendre a été faite par testament. Dans ce cas, les ayants cause à titre onéreux, ou à titre gratuit du testateur ne peuvent opposer le défaut de transcription ; à leur égard, le grevé, indépendamment de toute condition de publicité, est devenu propriétaire irrévocable du legs qu'il a reçu, et le testament ne doit être transcrit que pour faire connaître aux tiers la charge de restitution. Ils ne peuvent donc invoquer le défaut de publicité, et les art. 1070 et 1072 leur sont inapplicables. A quoi leur servirait de faire déclarer que la charge de restitution n'existe pas? Est-ce que le legs fait au grevé, qui deviendrait pur et simple, n'en serait pas moins maintenu contre eux ?

Dans le cas où la substitution est faite par donation entre-vifs, il en est autrement, et nous avons deux dispositions soumises à la formalité de la transcription, la donation et la substitution. Nous trouvons aussi en présence deux classes d'ayants cause : ceux du disposant et ceux du grevé qui ont intérêt à se prévaloir du défaut de la transcription ; les premiers, de la donation elle-même ; les seconds, de la substitution.

Si la donation est transcrite et non la substitution, ceux qui auront traité avec le donateur ne pourront certainement pas opposer le défaut de transcription de la substitution ; ils n'y ont aucun intérêt puisque le donateur s'est irrévocablement dépouillé, et il leur est indifférent que le donataire soit ou non grevé de substitution. Mais, comment comprendre que la donation puisse être transcrite sans que la substitution le soit en même temps? Cela peut arriver dans deux cas : le premier, quand le conservateur aura omis de transcrire la clause de l'acte contenant la charge de rendre; le second (c'est l'hypothèse de l'art. 1052), quand une deuxième libéralité étant faite par le même donateur au même donataire, et acceptée à condition que les biens précédemment donnés demeureront grevés de restitution, la première donation a été seule transcrite.

Enfin, si l'acte contenant la donation avec charge de rendre a été transcrit en entier, cette transcription aura averti tout à la fois et les ayants cause du donateur, et ceux du grevé, et personne ne pourra invoquer le défaut de publicité.

Dans ces hypothèses, aucune difficulté ne peut s'élever, car, la donation étant transcrite en tant que donation, l'art. 941, relatif à la publicité des donations, s'applique aux ayants cause du donateur qui n'ont aucun intérêt à opposer le défaut de transcription de la substitution.

La difficulté ne peut s'élever que si l'acte contenant la libéralité n'a été transcrit ni comme donation, ni comme substitution, et voici en quels termes se pose la controverse. Aux termes de l'art. 941, *toute personne ayant intérêt* peut opposer le défaut de transcription de la donation, excepté, toutefois, celles qui sont chargées de faire faire la transcription, ou leurs ayants cause, et le donateur; nous en concluons que les donataires postérieurs sont compris dans l'énumération des personnes qui peuvent se prévaloir du défaut de publicité, car, eux aussi *ont intérêt*. Quant aux héritiers du donateur, il semble résulter qu'ils peuvent aussi invoquer le défaut de transcription; nous n'admettons pas cette doctrine, et nous croyons que, en vertu des principes généraux du droit, ils sont tenus des obligations de leur auteur; or, leur auteur était obligé de respecter la donation par lui faite, malgré le défaut de publicité; c'est, au surplus, l'opinion la plus généralement admise sur l'explication de l'art. 941. Ceci posé, examinons maintenant l'art. 1072. Aux termes de cet article, les donataires, les légataires, ni même les héritiers légitimes de celui qui aura fait la disposition....... ne pourront, en aucun cas, opposer aux appelés le défaut de transcription ni d'inscription. Mais, l'art. 941, selon nous, dit le contraire, il y a donc une contradiction ! Comment concilier ces articles? Les articles 1070 et 1072 s'occupent-ils seulement de la transcription de la substitution, ou ont-ils en vue aussi la transcription de la donation, de telle sorte qu'ils viendraient modifier l'art. 941 quand la donation sera une donation avec charge de rendre?

Mettons de côté l'hypothèse où le donateur a laissé des héritiers légitimes autres que le grevé ; pour nous, le débat ne pourra pas s'engager, car nous n'admettons pas que ces héritiers puissent invoquer le défaut de transcription de la donation faite par leur auteur. L'art. 1072 se trouverait donc, sur ce point, d'accord avec l'art. 941, à supposer qu'il s'occupât aussi, lui, de la transcription de la donation en tant que donation.

Quand il s'agira des ayants cause à titre onéreux

du disposant et du grevé, leur position sera réglée par l'art. 941 qui s'appliquera aux premiers, et par l'art. 1070 qui s'appliquera aux seconds. Nous savons bien qu'on a prétendu que les termes généraux de l'art. 1070 comprenaient et les créanciers du disposant et ceux du grevé, et que la conséquence était que l'art. 1070 s'occupait du défaut de transcription de la donation et de la substitution. Nous n'admettons pas cette doctrine, car le texte de l'art. 1070 nous semble supposer qu'il n'a trait qu'à ceux qui ont contracté à titre onéreux avec le grevé et non avec le disposant; si cette affirmation ne semblait pas suffisante, nous ajouterions que l'art. 32 de l'ordonnance de 1747, dont l'art. 1070 est la reproduction, ne s'appliquait, et sans aucune controverse, qu'aux créanciers et tiers acquéreurs du grevé.

Ainsi, voilà déjà un point certain ; l'art. 1070, ne parlant que des créanciers et des tiers acquéreurs à titre onéreux du grevé, s'occupe du défaut de transcription et ne vise aucunement les personnes qui auraient pu contracter avec le disposant. La position de ces dernières est réglée par l'art. 941.

Arrivons maintenant à l'art. 1072, sur lequel se concentre le débat.

Trois systèmes se sont produits sur cet article :

D'après les uns, l'art. 1072, n'ayant trait qu'au défaut de transcription de la substitution et non de la donation, est complètement inutile. Quels sont ceux, en effet, qui ont à souffrir de l'ignorance dans laquelle on les a laissés relativement à la charge de rendre? Ce sont seulement les tiers qui ont contracté avec le grevé. Quant à ceux qui tiennent leurs droits du disposant, ils ont intérêt à connaître la donation qui a fait sortir les biens du patrimoine du donateur ; mais que cette donation soit ou non grevée de restitution, que leur importe ; à quoi leur servirait d'invoquer le défaut de publicité de la substitution, comme le suppose l'art. 1072 ! A rien du tout, puisque la donation, devenue pure et simple, leur serait néanmoins opposable. L'art. 1072 est donc inutile (V. Mourlon, *répét. écrit.*).

D'après les autres, l'art. 1072 ne distingue pas la transcription de la substitution de la transcription de la donation ; ces deux transcriptions ont des effets identiques qui consistent en ce que les successeurs à titre gratuit du disposant ne peuvent invoquer, contre les appelés, le défaut de transcription. Nous verrons un peu plus loin que les partisans de ce deuxième système ne sont pas d'accord sur les conséquences qu'ils tirent de leur doctrine.

Nous n'admettons ni l'une ni l'autre de ces opinions et nous prétendons que l'art. 1072 n'a eu en vue que la transcription de la substitution et qu'il ne s'applique *qu'au grevé et à ses successeurs à titre gratuit*. Suivant nous, *les donataires, légataires, ni même les héritiers légitimes de celui qui aura fait la disposition* signifient simplement *le grevé*. La conséquence de ce système, c'est que l'art. 1072 est complètement distinct de l'art. 941, et que, lorsqu'il s'agira des donataires...etc... du disposant, autres que le grevé, c'est à ce dernier article qu'il faudra se reporter pour savoir s'ils peuvent invoquer le défaut de transcription de la donation.

Remontons à notre ancien droit.

Deux modes de publicités coexistaient pour les donations avec charge de restitution ; d'une part, elles devaient être insinuées (Cette matière était réglée par l'ordonnance de 1731); d'autre part, elles devaient être publiées en tant que substitutions (Ordonnance de 1747). Deux hypothèses pouvaient alors se présenter. Il pouvait arriver : 1° que la donation n'ait été ni insinuée, ni publiée; dans ce cas, les ayants cause du disposant, même les héritiers, pouvaient invoquer le défaut d'insinuation de la donation et faire tomber la libéralité au préjudice des appelés; 2° que la donation ait été insinuée, mais n'ait pas été publiée comme substitution; alors les ayants cause du disposant n'avaient aucun intérêt à se prévaloir du défaut de publication, qui ne pouvait pas non plus être opposé par les ayants cause à titre gratuit du grevé. Telle était la disposition de l'art. 34, tit. 2 de l'ordonnance de 1747 qui statuait sur ce point.

En est-il de même sous le Code civil? Oui, et l'art. 1072, copié sur l'art. 34 de l'ordonnance, n'a en vue que le défaut de transcription de la substitution, et que le grevé et les ayants cause à titre gratuit. L'article 34 est ainsi conçu : « Les donataires, héritiers institués, légataires universels ou particuliers, même les héritiers légitimes de *celui qui aura fait la substitution*, ni pareillement leurs donataires, héritiers institués et légataires universels, ne pourront en aucun cas opposer aux substitués *le défaut de publication et d'enregistrement de la substitution.* » Au premier abord, il semble que notre système s'appuie sur un article qui, loin de lui être favorable, est un argument sérieux pour le combattre. Que dit, en effet, l'art. 34? *Les donataires et....... de celui qui aura fait la disposition;* c'est donc qu'il a en vue tous les successeurs à titre gratuit du disposant, et non-seulement le grevé, ce que nous soutenons. Cet art. 34 s'explique historiquement. La déclaration du 16 novembre 1690, qui avait décidé que les créanciers et les tiers acquéreurs du grevé pouvaient se prévaloir du défaut de publicité de la substitution, avait passé sous silence le grevé, et de là s'était élevée la question de savoir si le grevé pouvait aussi opposer le défaut de publication. Les auteurs n'étaient pas d'accord ; mais, quoi qu'il en soit de cette controverse, une déclaration de Louis XIV, du 18 janvier 1712, vint la faire cesser en décidant que le grevé de restitution ne pourrait se prévaloir du défaut des formalités qu'il était chargé d'accomplir, et voici en quels termes cette déclaration était écrite : « Les substitutions seront publiées et enregistrées à la diligence des héritiers, soit institués, soit *ab intestat*, donataires ou légataires universels, ou même particuliers, *lorsque leurs donations ou leurs legs seront chargés de substitutions;* .... ne pourra le défaut de publication et d'enregistrement être opposé en aucun cas aux substitués par les héritiers *ab intestat*, donataires, légataires, ni par leurs successeurs, à l'égard desquels les substitutions auront leur effet comme si elles avaient été publiées et enregistrées. » C'est cette dernière disposition de la déclaration de 1712 qui passa dans l'art. 34, et il est certain que, par *les donataires, légataires, héritiers institués* et...... on entendait les *donataires, légataires*, etc....... *grevés de substitution* et tous leurs successeurs à titre gratuit. Veut-on encore d'autres preuves que cet art. 34 ne s'applique qu'au grevé? Rapprochons-le des art. 18 et 35, et nous verrons que ces trois articles s'enchaînent. L'art. 18 met à la charge des donataires, légataires *grevés de substitution* la publication et l'enregistrement ; la sanction de cette obligation se trouve dans l'art. 34, et ils ne pourront se prévaloir du défaut de publication à l'encontre des appelés; enfin, l'art. 35 : « les donataires, héritiers institués, légataires universels, *qui seront grevés de substitution*, ou ceux qui en prendront la place à leur défaut, ne pourront se mettre en possession des biens compris dans la substitution qu'en vertu d'une ordonnance, etc...... laquelle ordonnance, ils ne pourront obtenir qu'en rapportant l'acte de publication et d'enregistrement de la substitution. »

Cette interprétation est la seule qui donne une explication satisfaisante des mots « *même des héritiers légitimes* » qui se trouvent dans l'art. 34. S'il s'agissait, en effet, des héritiers légitimes du disposant autres que le grevé, quel intérêt auraient-ils à se prévaloir, à l'encontre des appelés, de ce que la substitution n'a été ni publiée, ni enregistrée? Est-ce que, la substitution étant tombée, le grevé ne serait pas propriétaire incommutable des biens? Au contraire, si l'art. 34 a entendu parler de l'héritier légitime grevé de substitution, l'idée de la loi a été de prévenir une difficulté qui aurait pu être soulevée par le grevé. Ce dernier aurait pu faire le raisonnement suivant : comme légataire grevé de substitution, je suis chargé de faire la publication, et je ne puis opposer aux appelés le défaut d'accomplissement de cette formalité; mais j'ai le titre d'héritier qui ne m'oblige à remplir aucune publication; je l'invoque et je puis, à l'encontre des appelés, conserver les biens affranchis de toute charge. C'est pour remédier à cet abus que l'art. 34 décide que bien qu'héritier, le grevé est lui-même soumis aux prescriptions de la loi (V. aussi l'art. 18).

Ainsi, dans l'ancien droit, l'art. 34 de l'ordonnance

de 1747 n'avait en vue que les grevés de restitution ; il en est de même de l'art. 1072 qui est la reproduction de cette disposition et où l'on retrouve les expressions « même les héritiers légitimes », et la même énumération des personnes qui peuvent opposer le défaut de transcription. Comme les travaux préparatoires sont d'un mutisme absolu, rien n'indique que les législateurs ont entendu donner à l'art. 1072 un sens différent que celui qui était attribué à l'art. 34 par nos anciens jurisconsultes. (V. Pothier, *des subst.*, sect. 1 ; art. 4, § 6.) — L'art. 1072 s'applique donc seulement au grevé, et n'est que la conséquence de l'art. 1069 qui impose à ce grevé l'obligation de faire transcrire.

Laissant de côté la question historique qui est favorable à cette interprétation, l'art. 1072 fournit en outre un argument. Cet article met sur la même ligne le défaut de transcription et le défaut d'inscription, et alors comment comprendre qu'il ait pu viser la publicité de la disposition principale ? Lorsqu'il y a lieu à inscription, c'est qu'il s'agit d'une donation mobilière dont les deniers ont été employés avec privilége sur immeubles ; or, la donation mobilière n'est soumise à aucune formalité de publicité ; donc, l'article 1072 n'a aucunement en vue la transcription de la disposition principale, mais bien celle de la substitution.

Une seconde classe de personnes ne peut aussi invoquer le défaut de transcription. Ce sont tous les successeurs à titre gratuit du grevé, les donataires, légataires et héritiers (art. 1072). Cette décision est très-équitable, car les appelés seraient victimes de la négligence du grevé et dépouillés par ses propres donataires et légataires : « La raison, dit Pothier, (Subst., *loc. cit.*) est que ces formalités ayant été établies pour que ceux qui contracteraient avec le grevé ne puissent être induits en erreur, ce n'est qu'en faveur de ceux qui contracteraient à titre onéreux qu'elles sont établies, et non pas en faveur des donataires et légataires, à qui l'acquisition qu'ils ont faite des biens substitués ne peut jamais préjudicier, puisqu'il ne leur en a rien coûté pour les acquérir. »

Deux objections sont faites :

Dans l'ancien droit on comprend parfaitement que l'art. 34 ait désigné spécialement *les grevés donataires, légataires et héritiers*, car il était permis de grever de substitution toute personne, même étrangère; mais, sous l'empire du Code, les grevés sont nécessairement héritiers du disposant ; pourquoi l'art. 1072 ne s'est-il pas contenté, comme le fait l'art. 1069, de parler du grevé héritier légitime ? Ces mots *donataires* ou *légataires* semblent donc inutiles ! Non, et il y a des hypothèses où le grevé intéressé à invoquer le défaut de transcription n'aura pas la qualité d'héritier ; par exemple, si une donation a été faite à un enfant, avec charge de rendre au bout d'un certain temps, et si le terme est arrivé avant la mort du donateur. Le grevé n'est point héritier puisque la succession du disposant n'est pas ouverte au moment de l'ouverture de la substitution ; et, s'il lui était permis, parce qu'il est donataire, d'invoquer le défaut de transcription, il en résulterait qu'il aurait pu aliéner d'une manière irrévocable les biens reçus par lui (1). De même le grevé

(1) Cette hypothèse suppose qu'il peut y avoir substitution quand la charge de restitution est fixée à une époque autre que

légataire peut n'avoir pas la qualité d'héritier. L'hypothèse est facile à trouver, on n'a qu'à supposer que le grevé a renoncé à la succession du testateur pour s'en tenir au legs qui lui a été fait.

Le législateur a donc eu raison d'énumérer les donataires et les légataires qui pourraient être grevés de restitution.

Une deuxième objection est tirée de la seconde partie de l'art. 1072 qui défend aux héritiers du grevé d'opposer aux appelés le défaut de transcription. Comment cela peut-il arriver, puisque les héritiers du grevé sont nécessairement les appelés ; aucun conflit ne peut s'élever entre ces deux catégories de personnes, puisqu'elles forment une seule et même classe d'individus, les appelés! Réponse : l'art. 1072 s'appliquera quand les appelés auront renoncé à la succession du grevé sans renoncer aux biens substitués qu'ils tiennent, non de leur père, mais de leur grand-père.

Ces deux hypothèses étant écartées, revenons un instant sur la doctrine de ceux qui pensent que l'article 1072 a en vue et la transcription de la donation, et celle de la substitution, et examinons comment ils le concilient avec l'art. 941. L'accord est loin de régner, et deux systèmes sont en présence. D'après les uns, l'art. 1072 fait exception à l'art. 941, en ce que un donataire postérieur *qui a intérêt* (art. 941), ne pourra se prévaloir du défaut de transcription vis-à-vis des appelés seulement ; quant aux rapports qui pourront exister entre lui et le grevé, ils seront régis par l'art. 941. Conséquence : le donataire postérieur sera

celle de la mort du grevé. C'est une opinion que nous n'avons pas acceptée.

mis en possession des biens, sauf restitution aux substitués. Ne peut-on pas objecter à ce système que les appelés sont aussi des donataires antérieurs, et que, dès lors, ils doivent être placés sur la même ligne que le grevé? D'après les autres, toute personne, *ayant intérêt*, peut bien opposer le défaut de transcription, mais cela ne s'applique pas aux donataires postérieurs qui sont exclus en vertu de l'art. 1072. Ce système est illogique; car, du moment que la loi parle de *toute personne ayant intérêt*, et ce, sans faire d'exception, on ne voit pas pourquoi les donataires postérieurs, qui *ont intérêt*, doivent être exclus du bénéfice de l'article 941. L'ordonnance de 1731 accordait, du reste, à un donataire postérieur le droit d'invoquer le défaut de transcription de la donation. Une contradiction manifeste existerait donc entre les art. 941 et 1072?

Toutes ces difficultés seront levées si on se range à l'explication que nous avons donnée de l'art. 1072. Pour nous, l'art 1072 est distinct de l'art. 941, et vise une hypothèse différente. L'art. 941, dont l'origine remonte à l'ordonnance de 1731, a en vue, comme cette dernière, les ayants cause du donateur, et si des difficultés peuvent surgir sur l'interprétation de cet article, c'est par cet article même qu'elles doivent être résolues. Quant à l'art. 1072, nous pensons, après l'exposé de l'historique de l'art. 34, disposition qui est reproduite littéralement dans le Code civil, qu'il doit être écarté, et qu'il n'a eu pour but que d'indiquer les personnes qui ne pouvaient pas opposer *le défaut de transcription de la substitution*, c'est-à-dire, le grevé et ses succeseurs à titre gratuit (M. Bufnoir, à son cours. V. aussi un article de M. Pison, Rev. crit., année 1859, tom. 14). *Contrà*, M Demolombe.

CHAPITRE III.

DE LA CADUCITÉ DE LA DISPOSITION EN PREMIER ORDRE. DE SON INFLUENCE SUR LA SUBSTITUTION.

Quand nous avons étudié l'art. 1053, nous avons toujours supposé que le grevé avait recueilli la donation ou le legs fait à charge de restitution, et que le droit des appelés était ouvert par suite de la cessation de la jouissance du grevé. Nous pouvons maintenant raisonner sur une autre hypothèse, celle où le grevé n'a pas recueilli. La disposition en premier ordre est alors caduque. Quelle est, sur la substitution, l'influence de cette caducité? Remarquons immédiatement que, si l'acte contenant la substitution est une donation entre-vifs, l'incapacité du grevé et son refus de recueillir rendent caduque la seconde disposition, c'est-à-dire la substitution. Cela est de toute évidence, car, si la donation entre-vifs n'a pas été acceptée par le donataire, ce n'est pas une donation, c'est un acte vicié dans sa forme même qui ne peut, tout au plus, être considéré que comme un projet n'ayant aucune existence juridique, et qui ne peut produire d'effet, pas plus à l'égard des appelés qu'à l'égard du grevé.

Ce n'est donc que dans le cas où la disposition avec charge de rendre a été faite par testament que nous devons rechercher ce que devient la substitution lorsque :

1° Le grevé a répudié le legs à lui fait.

2° Le grevé est prédécédé ou incapable de recueillir.

Le grevé a répudié le legs à lui fait. Trois opinions se trouvent en présence :

La première prétend que lorsque le legs est répudié, la conséquence pour la substitution est la même que quand la donation avec charge de rendre n'a pas été acceptée par le donataire. Quand le legs n'existe pas, comment parlerait-on d'une charge, d'un accessoire de ce legs? Il n'y a pas de substitution possible sans disposition principale (V. Marcadé, art. 1053, n° 8).

D'après la seconde opinion, une substitution fidéicommissaire ne peut réellement exister s'il n'y a personne qui recueille la première libéralité. Il n'y a donc pas une substitution; mais, comme il est impossible de dire que la deuxième libéralité est accessoire de la première, il en résultera que le legs devra être considéré comme une substitution vulgaire. Conséquence : le legs sera tout à fait caduc, s'il n'existe aucun appelé à la mort du testateur et, s'il en existe, il ne profitera qu'à ceux qui seront nés ou au moins conçus à la même époque (Duranton, tom. IX, n° 602).

Enfin, d'après la troisième opinion, la seule qui soit admissible, la répudiation du légataire n'a aucune influence sur la substitution.

La doctrine de Marcadé est fausse en ce que la substitution, selon cet auteur, doit être considérée comme l'accessoire de la disposition principale. Cela est inexact, et nous renvoyons à ce que nous avons dit sur les substitutions prohibées. Dira-t-on que la solution, quand il s'agit d'un legs, doit être la même que lorsque le donataire ne veut pas accepter la donation? Nouvelle inexactitude, car, les deux hypothèses sont loin de se ressembler! Lorsque la donation n'a pas été acceptée, la donation n'existe pas, et cet acte entaché d'un vice de forme ne peut avoir aucune existence juridique ; on comprend alors très-bien que les appelés soient irrecevables à invoquer, pour prouver leur droit, un acte qui n'est pas valable. Mais, à la différence de la donation, le testament est *jure perfectum*, par cela seul qu'il a été fait selon les règles établies par le Code civil, et les légataires, indépendamment de toute acceptation, ont, du jour de la mort du testateur, un droit acquis et transmissible à leurs héritiers. Or, les appelés sont des légataires, donc, si le grevé répudie la libéralité, ils ont droit au legs du jour du décès du testateur.

Si tous ne sont pas encore conçus, est-ce que les derniers nés viendront partager avec leurs frères et sœurs? Non, dit M. Duranton. Une simple observation suffira pour faire repousser cette doctrine. M. Duranton reconnaît que, dans le cas où le grevé ferait, après avoir recueilli le legs en second ordre, l'abandon anticipé de la jouissance, la substitution n'en devrait pas moins profiter aux appelés nés postérieurement à cet abandon. Mais, quelle est donc la différence qui existe entre les deux hypothèses pour avoir donné une solution différente? Nous n'en voyons aucune, et nous pensons que ce jurisconsulte se met en contradiction avec lui-même. Qu'importe aux appelés que le grevé renonce avant ou après ! Le grevé peut-il modifier les effets de la disposition suivant la forme qu'il donne à sa renonciation ! Un exemple va nous fournir la preuve évidente que cette opinion est erronée. Supposons que le grevé ait un enfant au moment du décès du testateur; s'il fait l'abandon anticipé de jouissance, cet enfant partagera avec ses frères et sœurs à naître (V. l'explication de l'art. 1053); au contraire, s'il renonce au legs, il pourrait conférer à cet unique enfant le bénéfice entier de la substitution, et ce, à l'exclusion des autres enfants qui lui surviendraient! singulier résultat! De même, s'il n'existe aucun enfant au moment du décès du testateur, cette doctrine donnerait au grevé, quand il est l'héritier unique du disposant, intérêt à mettre à néant la volonté paternelle puisque, par sa renonciation, il recueillerait *ab intestat* les biens affranchis de toute charge. Le chapitre des substitutions deviendrait alors une lettre morte pour les pères et mères n'ayant qu'un enfant, et les petits enfants issus d'un enfant unique ne jouiraient pas, en fait, de la protection organisée par la loi sur les substitutions (M. Colm. de Sant., n° 212 (*bis*), IX).

Les doctrines de MM. Marcadé et Duranton sont donc inadmissibles. Nous pouvons ajouter que la tradition historique fournit encore un argument à l'opinion que nous défendons. L'art. 27, tit. 1, ordonnance de 1747, s'exprimait en ces termes, sans distinguer s'il y avait ou non des appelés au moment de la mort du testateur : « La renonciation de l'héritier institué, ou du légataire, ou donataire grevé de substitution, ne pourra nuire au substitué. »

Concluons donc que la répudiation du legs n'a aucune influence sur la substitution.

Le grevé est décédé ou incapable de recueillir.

En droit romain, la caducité de l'institution, par suite du décès du grevé avant le testateur, entraînait en général, et sauf les effets de la clause codicillaire, l'inefficacité de la substitution fidéicommissaire, tout comme elle entraînait celle des legs. Cette décision tenait à ce que les décisions testamentaires ne se soutenaient que par l'institution d'héritier. Les pays de droit écrit se conformaient à la législation romaine (art. 26, tit. 1, ordonnance de 1747). Mais dans les pays coutumiers, où les testaments n'étaient que des codicilles *ab intestat*, et n'exigeaient pas l'institution d'héritier, la caducité du legs en premier ordre laissait subsister le legs en second ordre. Aujourd'hui, les principes du droit coutumier régissent encore le Code civil, et il est certain que le legs en second ordre subsiste malgré la caducité du premier. A quel titre doit-il subsister ? comme substitution vulgaire ou comme substitution fidéicommissaire ? La question est controversée. Nous n'admettons pas la même solution que dans l'hypothèse précédente, et nous pensons que le legs en second ordre ne vaut que comme substitution vulgaire. Voici les arguments très-graves que nous invoquons : Pour concevoir une substitution, il faut qu'à un moment quelconque il y ait eu coexistence des deux dispositions, et nous en avons conclu, si cette coexistence n'avait pas eu lieu, qu'une disposition, qui réunirait d'ailleurs les caractères d'une substitution prohibée, devrait être considérée comme un legs direct au profit des appelés, si le grevé était mort avant le testateur, au profit du grevé si les appelés n'existaient plus à l'époque du décès du testateur. Cette décision doit s'appliquer aussi bien dans le cas d'une substitution permise que dans celui d'une substitution prohibée, et aucune bonne raison n'existe pour donner une solution différente. Si nous avons admis l'opinion contraire, quand il s'agissait de la renonciation au legs par le grevé, c'est qu'on avait à craindre, comme nous l'avons fait voir, que le grevé, en renonçant, ne rendît la substitution illusoire en conservant, comme héritier, les biens affranchis de toute charge. Ici, cette considération ne peut être invoquée, puisque nous supposons soit le prédécès, soit l'incapacité du grevé. Enfin, si le grevé était déjà décédé ou incapable au moment de la confection du testament, il est évident qu'il n'y aurait jamais eu de substitution fidéicommissaire, et cela est admis par les partisans du système adverse. Eh bien ! nous nous demandons sérieusement s'il est possible de faire une distinction suivant que le grevé est déjà mort au moment de la confection du testament, ou est décédé après cette époque, mais avant le testateur. Nous répondons : non, sans hésitation, car le testament ne produit son effet qu'à la mort du testateur; et peu importe que le décès du grevé ait eu lieu longtemps ou peu de temps avant celui du *de cujus*. Pour que le legs soit considéré comme caduc et comme ne pouvant produire aucun effet, il suffit que le gratifié ne puisse pas le recueillir. Le legs en second ordre devient alors un legs direct au profit des appelés, mais à la condition qu'ils soient nés ou au moins conçus au décès du testateur (art. 906).

Remarquons enfin que la substitution peut encore devenir caduque par la perte des choses qui en font l'objet, et par la répudiation qu'en feraient les appelés après son ouverture.

POSITIONS

DROIT ROMAIN.

I. Au point de vue du transfert de la propriété, les fidéicommis par donation ne doivent pas être mis sur la même ligne que les fidéicommis par testament.

II. La loi 1, Dig. *de leg.* 1°, attribuée à Ulpien, n'est pas de ce jurisconsulte.

III. C'est en vertu du sénatus-consulte Pégasien que l'héritier grevé d'un fidéicommis particulier peut retenir la quarte.

IV. Le grevé peut valablement *pendente conditione* affranchir l'esclave qui fait l'objet du fidéicommis.

V. L'abus de la part du grevé n'est pas une cause d'ouverture du fidéicommis.

VI. Les lois 1, § 9, *de leg.* 3° et 61, § 1, *de leg.* 2° peuvent se concilier.

DROIT FRANÇAIS.

I. Le fidéicommis *de residuo* n'est pas une substitution et ne tombe pas sous l'application de l'article 896.

II. Le droit de retour ne peut être stipulé qu'au profit du donateur seul. Stipulé au profit de toute autre personne, même au profit du donateur et de ses héritiers, il devient une substitution.

III. La preuve des substitutions ne peut résulter que d'un acte soumis aux conditions de validité des dispositions à titre gratuit.

IV. La nullité prononcée par l'article 896 frappe non-seulement la substitution, mais aussi l'institution principale.

V. Le légataire universel profite de la nullité du legs particulier entaché de substitution.

VI. Un père ne pourrait, en léguant la quotité disponible à un de ses enfants, grever de substitution toute sa portion héréditaire, y compris sa légitime.

VII. Un donataire postérieur peut opposer à un donataire antérieur le défaut de transcription de la donation.

VIII. Les héritiers du donateur ne peuvent invoquer le défaut de transcription de la donation.

IX. L'art. 1072 ne s'applique qu'au grevé et à ses successeurs à titre gratuit.

X. La répudiation par le grevé du legs avec charge de restitution n'a aucune influence sur la substitution.

XI. L'incapacité du légataire ou son prédécès change la substitution fidéicommissaire en une substitution vulgaire.

ANCIEN DROIT.

Sous l'empire de l'ordonnance de 1747, la prescription courait contre les appelés, même avant l'ouverture de la substitution.

DROIT CRIMINEL.

I. Le droit pour un préfet d'interdire la vente d'un journal sur la voie publique lui appartient en vertu des pouvoirs de police. Conséquence : L'arrêté préfectoral qui, ne visant que l'art. 6 de la loi du 27 juillet 1849, retire l'autorisation de vente sur la voie publique, par le seul motif que ledit journal contient des principes destructifs de toute morale, est un arrêté illégal.

II. L'interdiction d'un journal prononcée par l'autorité militaire n'entraîne aucun des effets de la suspension ou de la suppression judiciaire. Il en résulte que l'article 20 du décret du 17 août 1852 n'est pas applicable.

DROIT DES GENS.

Un Etat viole la neutralité en laissant construire dans un de ses ports un navire de guerre destiné à l'une des puissances belligérantes.

HISTOIRE DU DROIT.

I. Le système d'après lequel l'intérêt fixé par la loi des Douze-Tables serait 12 0/0 est le plus satisfaisant de tous ceux qu'on a présentés à ce sujet.

II. L'ouvrage connu sous le nom d'*Établissements de Saint-Louis* n'est pas de ce roi.

Vu par le Président de la Thèse.
Ch. BEUDANT.

Vu par le Doyen.
G. COLMET-DAAGE.

Permis d'imprimer.
Le Vice-Recteur de l'Académie de Paris,
A. MOURIER.

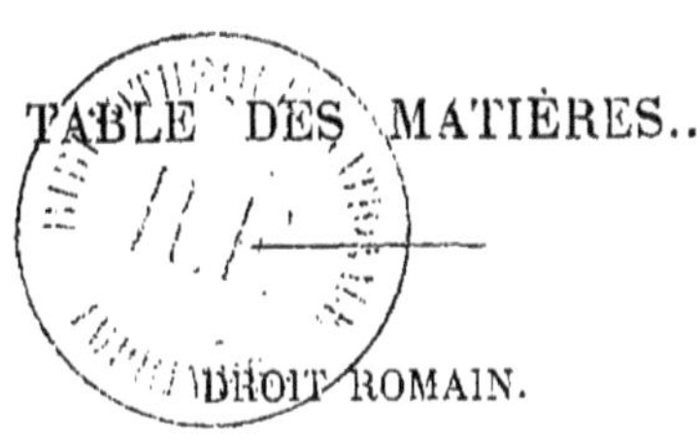

TABLE DES MATIÈRES.

DROIT ROMAIN.

DROIT FRANÇAIS.

PREMIÈRE PARTIE.

DEUXIÈME PARTIE.

Paris. — Typ. A. Parent, rue Monsieur-le-Prince, 31.

www.ingramcontent.com/pod-product-compliance
Ingram Content Group UK Ltd.
Pitfield, Milton Keynes, MK11 3LW, UK
UKHW021100230726
13926UKWH00004B/1952

9 782019 244583